往事琐谈

与体育建筑的一世情缘

梅季魁　口述

孙一民　侯叶　访谈与编辑

中国建筑工业出版社

图书在版编目（CIP）数据

往事琐谈——我与体育建筑的一世情缘／梅季魁口述；孙一
民，侯叶访谈与编辑.—北京：中国建筑工业出版社，2018.1
ISBN 978-7-112-21494-5

Ⅰ.①往… Ⅱ.①梅… ②孙… ③侯… Ⅲ.①梅季魁－回忆录
Ⅳ.①K826.16

中国版本图书馆CIP数据核字（2017）第275239号

责任编辑：易　娜　陈海娇
责任校对：焦　乐

往事琐谈
——我与体育建筑的一世情缘

梅季魁　口述

孙一民　侯　叶　访谈与编辑

*
中国建筑工业出版社出版、发行（北京海淀三里河路9号）
各地新华书店、建筑书店经销
北京锋尚制版有限公司制版
北京建筑工业印刷厂印刷
*
开本：787×960毫米　1/16　印张：18½　字数：206千字
2018年11月第一版　2018年11月第一次印刷
定价：66.00元
ISBN 978 – 7 – 112 – 21494 – 5
（31153）

序 言
白首丹心，清韵高格

今年，恩师梅季魁先生88岁。3年前，听闻中国建筑工业出版社筹组建筑名家口述历史丛书，急忙联系编辑、联系梅先生，书稿工作就这样开始了。我的博士研究生侯叶对本书的出版，给予了决定性的支持，资料收集，现场访谈，诸方联系，承担了许多辛苦的工作。编辑过程中我们遇到的一个关键问题是：口述的形式是否可以保持？本书初稿与已经出版的几本存在较大差异，由于内容源自访谈录音，整理中保持了口语风格。出版社的意见是希望去掉口语化内容，特别是统一核准所有由于口语和记忆造成的相关名称、说法的不规范等。然而，时间久远，许多称谓变化多次，完全修改几乎不可能。而且，尝试着修改文体后发现，梅先生"亲切交谈、娓娓道来"的风格似乎消失了，整本书都感觉陌生了。经过建工出版社王莉慧副总编、易娜编辑的协调和支持，王伯扬先生的辛勤工作，最终保持了口述风格的书稿终于呈现给大家了。在即将付梓之际，借序言的机会，以蠡测海，拙笔勾绘出心目中对梅先生的印象。

我1981年入读哈尔滨建筑工程学院建筑系，第一次接触梅季魁先生是本科3年级的"公共建筑设计原理"课，当时这门重要的课程由梅季魁先生、郭恩章先生教授。之后从1985年2月底的"体育馆"毕业设计开始，本科、硕士、博士，在哈尔滨求学10年半的时间中，我跟随梅先生整整7年时间。

哈建工的教学大楼外表庄重巍峨，大楼里容纳着五、六千师生，梅先生高大、帅气，在众多师生中引人瞩目。至今我还清晰记得大学二年级第一次见到梅先生时留下的深刻印象：气宇轩昂、凛然自信。

1980年代的哈建工建筑系，汇聚了一组学养深厚的先生。他们在遥远的极寒北国，经历了国家最艰苦的岁月，坚守在建筑教育与科学研究的一线。他们傲雪凌霜、穆如清风，培养了一批批的建设英才。梅季魁先生，无私奉献，睿智担当；积极进取，勇于开拓；严谨细致，锐意创新，令人敬仰。

奉献与担当

梅先生自1960年代初开始代表学院支援西藏工作，历时十余年，最青春的年华都奉献给了拉萨。

我们入学的时候，恰逢改革开放的宽松政策，许多原籍南方的教师开始返回更加习惯的家乡生活，同时，作为部属院校，哈建工接受建工部的安排，调集师资支援陆续在1980年代新建的学院，如：西北建筑工程学院、青岛建筑工程学院、苏州城建环保学院等。张之凡、张耀曾、张家骥、斯慎依、程友玲、陶友松等老师相继调离哈尔滨。同时，伴随改革开放的建筑大潮滚滚而来，清苦的学校教学生活与设计院的热火朝天存在着很大的差别，越来越多的毕业生不愿选择留校工作，建筑系的科研、教学面临多方面的挑战。1983年到1989年，梅先生担任建筑系系主任，建筑系的实力有了跨越式的提升，其影响至今依然能够感觉到。作为学生，当时我所感受到的信息是片段化的，印象深刻的图景包括：梅先生组织跨系、跨专业的教师设计团队完成了吉林冰球馆设计、领衔工程设计中标两座北京亚运会场馆、引进美籍建筑师外教参与设计教学、组建国内第一个城市设计团队赴美国麻省理工学院交流与深造、组织申请并获得建筑设计博士点。梅先生主持工作的几年间，为哈建工建筑系在师资队伍、学科点、重大工程实践等多方面的综合发展奠定了牢固的基础。1986年，梅先生作为主持教授获得国务院学位办批准设立建筑设计及其理论博士点，同年获批的还有彭一刚先生主持的天津大学建筑设计博士点，二位先生携手加入了原来只有清华、东南、同济的建筑设计博士点俱乐部，中国建筑设计教育的重要环节"建筑设计及其理论博士点"设立在5个院系的格局由此开始并持续超过10年，直到1997年华南理工大学在1981年第一批建筑历史博士点之后，获得新的建筑设计博士点。学科发展布局上，1985年哈建工确定由郭恩章先生牵头组建城市设计团队，并于1986年派出郭恩章、金广君、刘德明等前往麻省理工学院学习，1988年哈建工首位城市设计方向硕士毕业。这一系列的安排，开创了中国城市设计教育的先河。至今，哈工大的城市设计教学研究与实践都是国内领先的重要团队之一。

作为教师，梅先生严格细致而充满爱心；同时作为管理者，勇于担当和力排众议也是梅先生鲜明的特色。

开拓与进取

在《建筑学报》1959 年第 12 期上，梅季魁先生发表"大型体育馆的形式、采光及视觉质量问题"文章。这是 20 世纪 50 年代国内最早关于体育建筑研究的高水平论文之一。文章深入研究体育馆视觉质量、比赛厅天然采光等问题，并结合设计方案探讨。论文十分注重数据图表，遣词用句简单明确，视角综合，与同期刊登的建筑论文有明显区别。文中说道："大型体育馆的结构形式，直接影响到建筑物的功能与大厅布局，因此应综合考虑，合理权衡各方面因素进行妥善选择。最经济的结构形式不一定是功能要求上最合理的，同时经济问题应不仅限于结构的材料用量，尚应包括施工及建成后的使用费用"。

20 世纪 70 年代后期开始，哈工大的体育建筑研究得以恢复，梅季魁、郭恩章、张耀曾形成的研究小组完成了一系列的研究论文。1980 年 10 月中国建筑学会、国家建工总局、国家体委在苏州联合召开"全国体育建筑设计经验交流会"。这是"文革"后召开的第一次全国性体育建筑设计专题会议，会后，从与会的 41 篇论文中挑选优秀论文，编辑完成的《体育馆建筑论文集》于 1981 年 7 月内部出版。全部的 19 篇文章中，有 3 篇文章由梅季魁、郭恩章、张耀曾等主要完成。但是在全书的 253 页篇幅中，这三篇文章占了 63 个页面，几乎接近全书的 1/4。

1981 年《建筑学报》第 4 期发表了梅季魁、郭恩章、张耀曾的合作文章："多功能体育馆观众厅平面空间布局"。这是当时最为明确地提出体育建筑多功能使用并深入探讨设计策略的研究成果。这在20世纪80年代初是十分不易的，因为在1980年，中央媒体还刊载过体育究竟是应该姓"体"还是姓"钱"的文章，否定当时刚刚出现将体育建筑进行多种经营的端倪。1984年，梅季魁先生在《建筑学报》第3期发表"体育馆结构形式多样化初议"。这是一篇凝聚了20多年研究成果，充分反映梅先生空间结构理念的经典文章。论文既有设计手法分析又有结构类型梳理，既有平面形式分析又有建筑体型参数对比，总体行文的语言逻辑与建筑设计专业文章有较大区别，结构形式分析的图表别具特色，获得吴良镛院士高度评价，也博得空间结构委员会的赞赏，并受邀在全国空间结构会议上做主题发言，该文还是1986年哈尔滨建筑工程学院建筑设计博士点获评通过的关键性学术成果之一。

在恢复体育建筑研究的同时，梅先生也开始了研究生教育：1981年，梅先生指导的第一个体育建筑硕士研究生丁先昕毕业；1986年哈尔滨建筑工程学院建筑设计及其理论博士点获批，梅先生是唯一的博士生导师。梅先生主持的体育建筑研究，十分注意以问题为导向，以满足体育和社会需求为目标。我从1985年开始硕士研究生学习，1988年开始博士生学习，学习期间多次随梅先生调研、出差，参加体育建筑的全国学术会议，参与工程研究与实践，领略了中国建筑学者、师长们的风采。特别是参与1990年北京亚运会工程的实践过程和参加历次体育建筑专业委员会会议，让我有机会领略张博、赵冬日、周治良、马国馨、魏敦山、黎佗芬、郭明卓、张家臣等诸位大家的风采和教诲。那些年，跟随梅先生的体育建筑调研走遍全国，北京、郑州、武汉、重庆、成都、广州、深圳、上海、南京、苏州、镇江，耳濡目染，潜移默化，为我日后的体育建筑研究与实践奠定了坚实的基础。1992年3月，哈尔滨建筑工程学院建筑系首届博士生毕业答辩，我和先生站在走廊里等待答辩委员会决议的情景仿佛就在昨天。

哈建工的体育建筑研究，离不开前辈们始于1950年代的开拓与进取，1982年张耀曾先生奉命前往西北建工任教，3年后，郭恩章先生接受建设部和学院安排，赴美学习并主持创立我国首个城市设计研究团队。梅先生坚定地继续着体育建筑方向，不懈开拓，坚持进取，也让我有幸成为国内第一个以体育建筑为研究方向毕业的博士。

严谨与创新

在深入研究与拓展教育的同时，梅季魁先生十分注重体育建筑工程实践，20世纪80年代，在梅先生的主持、组织、带领下，哈工大体育建筑设计团队完成了3个重要体育馆工程，将多年的研究成果付诸精彩的实践，在当时的国内体育建筑界显示出鲜明的特色。

1986年建成的吉林冰上运动中心是为了完成全国冬季运动会的举办任务。冰球馆在3300座席的有限规模下，尝试不对称平面布局，为赛后的文艺演出、集会提供便利设计。同时，冰球馆屋盖尽最大可能布置了天窗，天窗与场地面积比达到1∶6，形成了极其震撼的自然光室内环境，白天举行比赛甚至不需要开灯。建筑结构设计方面，建筑师提出了结构选型的构思，在与结构工程师的合作下，使结构与建筑空间、建筑造型"表里如一"的完善与契合，产生的索桁架屋盖体系科学合理。

　　作为 1990 年北京亚运会的场馆之一，朝阳体育馆的设计同样体现出建筑师对结构体系的主动建议与参与，同时也使大跨结构与建筑造型密切统一。体育馆采用的马鞍形悬索与索桥式结构共同工作，用钢量达到 $52.2kg/m^2$。同样是 1990 年北京亚运会场馆之一的北京石景山体育馆，建筑师对屋盖与采光的处理成为建筑设计的核心，三片扭壳形态的钢网壳组合而成的屋盖，生动而健康有力。

　　上述三个场馆都蕴含了深厚的体育建筑功能研究的积累。立足于以体育功能为基础，兼顾多种需求的研究，涉及场地大小、视觉质量、平面形状研究、剖面形式。比如，梅先生的研究团队在 1979 年提出了综合的视线设计曲线，为体育馆看台的多功能设计提出了基本逻辑规则。在空间组合方面，这三项体育馆工程，设计建造均为 20 世纪 80 年代，也是相关结构类型在国内最早的实践。设计同时关注了功能研究、施工工艺、材料选择、结构选型等诸多方面，并在建筑师的发起下，对结构原型进行了再创造。通过多种手法，创造出新颖的建筑形式。梅季魁先生及其哈工大体育建筑团队完成了数十项体育建筑工程，但我认为，前述三个作品，最完整地体现了梅季魁先生体育建筑的观念与理论。

"白首丹心觅何处，老干新枝一树梅"

1989年岁末，花甲之年的梅先生不再担任系主任的管理工作，创立了建筑研究所，得以全力以赴从事体育建筑研究、教学和工程实践等工作。身处岭南的我，不时听到梅先生主持的各大体育场馆落成的消息：冬季亚运会场馆黑龙江速滑馆、大连理工大学体育馆、广东惠州体育馆、深圳大学城体育中心等，每每远远地听闻梅先生和研究所的成就，心中总暗下决心，默默努力，不辜负恩师的多年教诲。

2010年，《体育建筑设计研究》一书出版，梅季魁先生的研究、设计成果第一次较为完整地呈现出来。记得当时翻开墨香隐隐的书页，读到马国馨院士题写的序言中的诗句，我情不自禁地念出了声：

北国香雪伴春霏，清韵高格竞争辉。

白首丹心觅何处，老干新枝一树梅。

马院士的四句格律是对梅先生做人、做事、成果、成就的高度总结，用词准确，贴切精致，意境优雅。从策划这本口述史以来，这诗句时常萦绕耳边，伴随梅先生回忆的文字，我经常会对诗句有新的感受。感谢马院士精彩的题写，不仅让我得以引用"白首丹心，清韵高格"作为序言的题目，也鞭策我们后辈以梅先生为楷模，一生不停地学习、奋进。

目　录

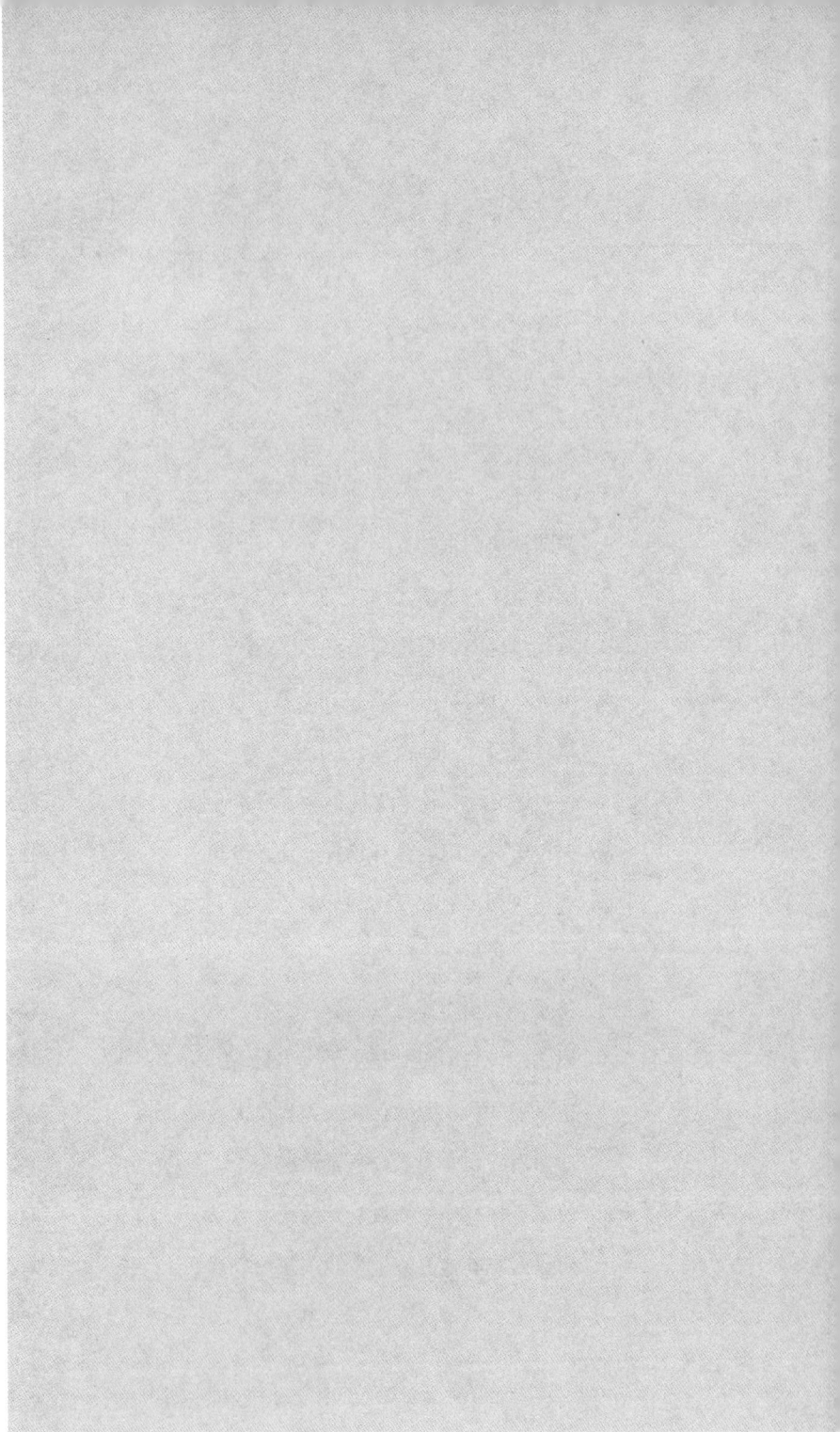

1

颠沛流离的
成长岁月

鲅鱼圈的懵懂少年

熊岳城的海滨家乡

我的家乡在辽宁营口市盖州市的熊岳城。熊岳是一座文化古城，迄今已有2000多年的历史。汉代在熊岳温泉建平郭城（土城），为平郭县治所。辽代时，城址移至今天熊岳城所在地，属卢州辖县，始建土城。1980年代初经国务院批准设立营口市鲅鱼圈区，2004年国务院又批准调整鲅鱼圈区的行政区划，将原盖州市的熊岳、红旗、芦屯三镇成建制划入鲅鱼圈区。现在我老家那块地方就属于鲅鱼圈。有个火车站在中长铁路线上，是熊岳城的重要地标。也是因为这个火车站，熊岳城南来北往的人很多，当地人要走出去也很方便。所以虽然熊岳城只是一个相当于县城的副县级镇，但是住在那里的人们视野都算比较开阔，也比较愿意接受新事物。

我们最开始是住在渤海边的一个小村庄，离海只有三华里，可以经常去海边玩。老宅环境还是挺好的，有一个小院、一个正房、两个厢房。房子是砖瓦房，屋顶是用碱土夯实的平顶。土改的时候老宅被分配了，五哥后来也进城了，没留在村子里，我们后来也不回去，所以那房子都给别人住了。很久以后我曾回去看过，别人已经把它改造了，环境都变了。

童年在家乡的生活还是比较自在的。熊岳城的温泉资源很丰富，小时候虽然没有特别喜欢，但偶尔会去泡泡温泉。城南有一条从中长铁路穿过的小河沟，我就在河沟里头学会了游泳。那时候学游泳也没人教，游得也不多，都是夏天的时候去跟一些小朋友去玩玩。海边沙滩比较大，还长了点草，算是有些绿化，天上还有种叫声很好听的鸟经常飞来飞去。夏天会有些小朋友去放牧，放牛马在沙滩上吃草。放暑假没事的时候，我也跟这些小朋友去海边，或者陪他们放牧，或者钓钓小鱼，哪怕就单纯地躺在沙滩上，看看蓝天白云都觉得挺美。小孩嘛，躺在沙滩上玩一玩休息下就挺满足了。小时候觉得那海很有特点，涨潮的时候看起来是圆弧的。当时觉得很奇特，现在觉得那种情景应该是真实的，因为地球本身就是圆的，海平面很开阔，海水涨满的时候可能鼓起来有张力，年轻时候视力也比较敏锐，才有这种情况。现在对那种海阔天空的环境，印象还比较深刻——在海边，躺在沙滩上，听听鸟叫，自由自在。

家乡的自然环境给了我一个无忧无虑的童年，后来读中学的时候搬到熊岳城，环境就开始不同了。1947年我又去沈阳求学，从此便离开了家乡，那年我17岁。

较为独立的成长环境

　　小时候家里人口结构比较简单，老一辈的人很早就不在了，我没见过爷爷奶奶。父亲年纪也比较大，去世比较早。他在世的时候在营口牛庄的一个药店还是典当店站柜台，很少在家，所以我对父亲的印象也不是很深。为数不多的在家时间里，父亲会带着我们打打算盘、写写字。当时虽然是父亲一个人赚钱养活全家，但是家里的经济状况也还算可以。家里多少有点地，土改的时候还被评为中农。母亲是位典型的家庭妇女，性格温顺随和，操持一家里里外外的事务。母亲在1966年的时候也去世了。我的兄弟姐妹有8人，但是大姐和中间的老三、老四夭折了，大哥、二哥和二姐也很早都离开家庭出去了，在我的童年时期，只有五哥跟我在一起。五哥大我两岁，性格和我差不多，我们基本都在一起念书。其他的哥哥姐姐中，大哥一直在外地打工；二哥当时在北京念书，后来参加革命，到延安去了，直到新中国成立后才回来；二姐也结婚出去了；我懂事之后就没有跟他们相处过。跟我一起长大的五哥后来也去了沈阳一段时间后又回了熊岳城，在一个学校里当老师，后来做了小学校长，也是从事教育工作。五哥的儿子后来也来了哈尔滨，读了哈工大建筑系，后来就在设计院和学院里工作，就是梅洪元。他是自己选择建筑设计这个行

二哥与五哥的合影（右为二哥，左为五哥）

业。当时他考哈工大研究生，想要跟我学，我觉得亲人之间会教育得不太好，就推荐他去读邓林翰老师的硕士研究生，现在他工作得还不错。因为很小的时候很多家人就都出去了，不在家乡，小时候就我跟五哥还有母亲在家中，所以实际上对家人的印象也不是很深刻。也许就是这样的环境会要求我比较独立一些，遇到困难要自己去面对，并学会解决，这一点，在我比较小的生活中就有所体会。

02

颠沛的求学时光

病痛相伴的小学岁月

　　小的时候，营口那地方已经被日本入侵了，所以其实在1945年之前，东北这一块还没有被卷入战争，社会环境还算稳定。当时熊岳老百姓的生活还是可以的，孩子们也基本都能够读书。像我小学时候，村子附近就有新式学堂，离家较近可以走读，都是家里自己做饭吃，所以学习生活还算不错。

　　小时候的求学经历不算很顺遂。我在7岁的时候开始上小学，当时已经不是旧式私塾，而是新式学堂了。最开始去的学校不在我们村，而在2公里外的镶黄旗村。五哥也在那里读，他比我读得早一点。等到我入学，我俩就一起做伴上学。这个小学离我家比较远，去学校途中要经过青纱帐。"青纱帐"就是北方那种漫山遍野的高粱地，每到夏季，庄稼茂盛生长，就像个青色的纱帐把大地遮住。南方人可能觉得"青纱帐"这个名字挺有诗意，但是对于当地人还挺恐怖。那些高粱身个儿高，叶子大，其中可以藏住人，不比麦子、豆类隐蔽不住东西。每年到了青纱帐时节，也有闹土匪的情况。土匪往青纱帐里一钻，谁也抓不着。所以走读的时候要经过青纱帐挺让人害怕，这也让我对去学堂读书产生了不好的印象。

我们当时的初小学制一共是4年，我在镶黄旗村小学读了两年后，就得了伤寒病，病好了家里又有事，就休养了两年。再回去读书，我就没有在镶黄旗村那个小学读了，转到了我们村南面的杨家屯小学，开始读三年级和四年级。所以实际上小学4年而我读了6年。杨家屯小学规模很小，4个年级不到40个人，平均下来每个年级也就十几个人，大家在同一个教室一起上课，一个老师管4个年级。教我们的老师叫吴义州，是我的一个邻居，以前当过私塾教师，可以说是全才，4个年级所有课程都是他教。吴老师很认真负责，每天上课从上午到下午，先是给这边的上课，那边的复习；再给那边的上课，这边复习。这种情况现在很少见了。我们当时要学的课程不多，包括数学、语文、日文、地理等科目，也无所谓成绩好坏排名。那时候课本杂七杂八，教本是日本的新教本，日文是第一语言，中文反倒是第二语言。当时没有意识到，长大了回想起来，才明白这样的教学课程安排是奴化教育的一部分。

一、二年级的时候年纪还小，一开始对学习不太理解，本身就不太想用功；走路又比较远，还要经过青纱帐很恐怖，光顾着害怕了，就不太好学；加上又病了，就没有学到什么东西。后来在杨家屯小学上学，这边稍微近一点，走沿海公路，比较安全；课堂环境也变了，同学比较少，学习环境也安静，就知道学习要努力了。到了每年的年底考试，我的成绩还算比较靠前。

在村子里面念完了初小后，我家搬去了熊岳城，和我的姐姐、姐夫他们住在一起。不久后姐姐一家去了沈阳，我姐夫到那儿给别人开汽车，我们又分开了。我在县城里读了两年高小。那个小学离家也近，所以还是每天走读，在家里吃饭。高小的学习任务并不紧张，但有同学想考沈阳的重点中学——"南满"中学堂，就需要去补课，有补数学的，有补语文的，主要是补数学。暑假的时候我也经常听他们补课。当时学习成绩没有排名，不过也算可以，感觉能跟得上，高小两年的生活平静而充实。

长大后回熊岳城中学和
五哥的合影（1952年）

颠沛流离的动乱年代

平静的生活随着1945年秋天日本投降而被打破。日本投降后，国共两党从1945年到1948年在东北打了5次战役，国民党来过，共产党也来过，东北开始动乱。当时我高小毕业开始读中学。因为小学成绩还可以，我考上中学后，跳了一级，直接到了二年级。但因为时局不稳定，基本上不能进行学习；学校也不怎么上课，成天就是搞宣传、搞运动，学生也经常被宣传队拉出去做宣传。到了1947年夏天，东北解放战争打得比较激烈，熊岳城里形势比较紧张，时局太动乱了，我们很多同学有亲戚在沈阳的就都比较盲目地过去了。我想着有一个姐姐和姐夫在沈阳，也就去了沈阳，投奔我姐姐。

没想到沈阳的时局也很混乱，几次东北的战役跟沈阳都有关，所以当时沈阳也被破坏得很严重。后来铁路基本上是被扒掉了，沈阳又被围困，粮食供应很困难。铁路断了，有的同学就走路回家了，有的同学留在沈阳。我跟家里面的联系也断掉了，所有事情都要靠自己。我一个人没有经济来源，家里的供给也没有了，吃住都困难。当时只有沈阳师范学校是免费的，我就考了这个学校，也是唯一的选择。后来沈阳师范学校将我们转到"东北流亡中学"，搬到沈阳北郊老东北大学的校址，师生们吃饭、住宿、学习都在那儿。这个名字很形象，大家确实都是在"流亡"。我在这个学校待了一年多一点，也没怎么学习，没有东西可学。因为战事影响，生活和学习环境都不稳定，大家都人心惶惶。对当时老师和同学的印象都很淡，因为同学不固定，老师也总是在换。也有个别同学去当兵，有的加入国民党，有的加入青年军。但是大部分人也没有想那么多，大家都在各自逃难。同学彼此都不清楚对方背景，能活下来最重要。这段的学习生活比较艰苦，没有了家庭的关爱，全部都要靠自己。坚持到1948年10月22号，八路军来了，沈阳就快解放了。整个沈阳解放是10月25号，我印象特别深刻。

中学时期比较不幸，一直都在颠沛流离。局势比较动乱，学习不正常，生活也不怎么样。离开家了，没有什么经济来源，幸好靠着学校的公费勉强生活了下来。一直到1948年沈阳解放，1949年中华人民共和国成立以后，形势才开始稳定下来。凡事都有两面性，现在回想起来，那段"流亡"的经历虽然艰苦，但也极大地培养了自己面对生活现实、面对困难的能力。那么困难的时期都经历过，在今后的人生中，也就没有什么不可以面对的了。

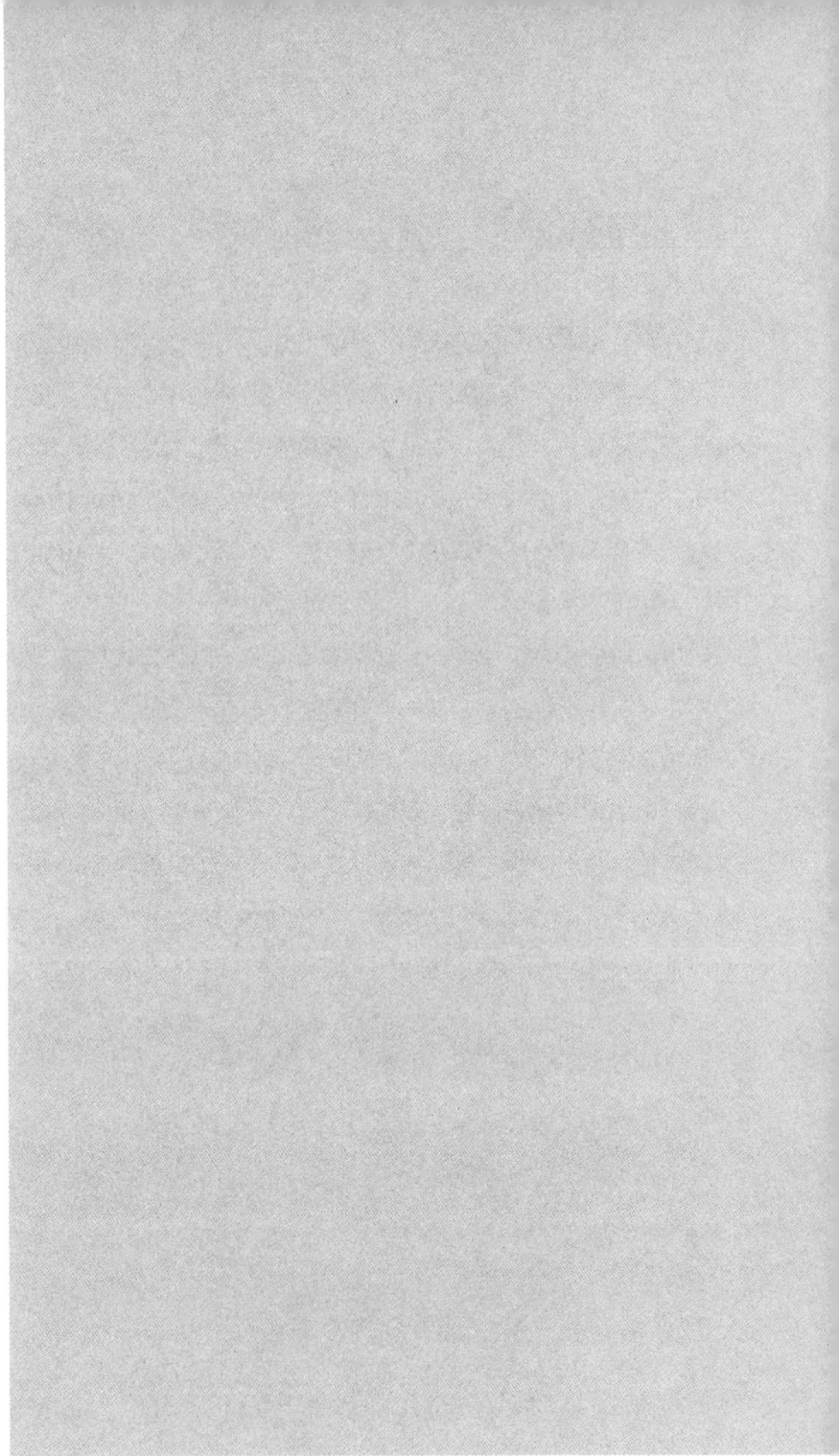

2

辗转艰苦的
求学之路

01

扎实的哈工大时期

辗转来到哈工大

沈阳解放后，"东北流亡中学"就属于解放区了。冬天放寒假的时候，学校还给这些回不了家的学生供应饭食，让大家继续在那里候读。读完高中我还是想考大学。当时只有沈阳农学院和一个行政干校招生，其他大学尚未在沈阳招生。我自己主观上觉得要学点技术，就报考了沈阳农学院。

我对将来的方向发展还把握不太准，当时在部队的二哥鼓励我参加工作。他鼓励我参加东北青年团学员班学习，给我写了一封推荐信，要我去找当时沈阳军管会主任陶铸。我真拿着信去见了陶铸。陶铸说，你就参加寒假学员吧，找章泽、韩天石。后来我考上了沈阳农学院，就没去青年团学员班。

在所有的家人中，二哥对我后期的学习进步影响较大。二哥很早就去了延安参加了中国共产党。二哥先是在四野，后来是在海军航空兵部队的航校当政委，最后留在青岛。我们不在一个地方，偶尔才能见个面。我们几个兄弟姐妹也曾到青岛团聚过。在那个年代，他是追求进步的青年，也会要求我要进步，鼓励我要积极上进，后来我在哈工大成为第一批公开入党的党员也是受了他的影响。所以，他是对我人生成长比较有帮助的一位兄长。五六年前二哥也离世了，他是个高寿的人，离世的时候95岁。

我被沈阳农学院录取之后，学校搬迁到哈尔滨，改成东北农学院。我深深地记得，那一天是1949年1月1日，天寒地冻，我们沈阳农学院的学生一起坐火车到哈尔滨。那时中长铁路都被拆掉了，火车只能绕到梅河口去哈尔滨。坐了整整一天火车，下了火

与二哥、五哥的合影

与二哥在青岛海滨留影

1979年与二哥和二姐在青岛海滨留影

车，踏上哈尔滨土地的时候，我非常激动。隐约有种预感，从那一瞬间起，我的人生将与哈尔滨这片土地紧密联系在一起。

在东北农学院的学习先是上预科的课。也没有什么课给学生上，一开始就进行了半年的政治运动，之后是一年多的补课，补中学的内容，所以我中学的课程基本就是这个阶段补上的。当时虽然是到了大学阶段，但实际上还是上中学的课程，没有正式的大学课程，也没有专业的分科。

我觉得这样下去不行，就想要换一换。那时候哈工大比较有名，所以我在1950年夏天就报考了哈工大。当时我自己独自去考，也顺利考上了。因为对专业不太了解，报专业的时候就报了航空工程科，准备搞航空了。到了哈工大，先是进入大一班，实际上是预科学习。当时正好是全国要"抗美援朝"，大家士气高涨，都坐不住了，都要参军。后来学校搞了个军事翻译班，培养俄文翻译人才，要求我们留在学校参加这个班。我也就被分配到"军事翻译班"学习俄文。就这样，在这个班上度过了一年，学完要出去报效祖国的时候，学校因缺人，就不让我们离校出去。当时东北农学院和医大等几个学校的军事翻译班的学生就出去工作了，哈工大的学生基本都留了下来。

当时学校里边还有不少华侨，因为中华人民共和国刚成立，海外华人青年很向往祖国，回来了很多人。第一批是从台湾海峡回来的，当时台湾想拦截，他们就通过公海到天津港上岸。那批人相当多，有来自印尼的、泰国的、马来西亚的。他们也都做好了思想准备，不一定马上能回去。这些同学也真不容易，他们刚来哈尔滨就参加了抗美援朝。抗美援朝开始以后，我们都停了课，每天就用大锅给志愿军炒面，白天、晚上轮班炒面，还要给飞机修防护的机窝，还要去修江堤。哈尔滨好多江堤，我们就抗着袋子装土筑堤。那个时候有"三多"——劳动多，学习会议多，政治运动比较多。

1950年全国院校开始调整，哈工大的航空系和水利系都调了出去。航空工程专业合并去了清华大学。原来航空工程科的学生有两个选择，可以到清华去，也可以留下改选其他专业。当时我考虑哈尔滨是老解放区，哈工大又是学习苏联的重点学校，将有苏联专家支援；而清华大学当时还在改造阶段，也不稳定，他们还有好多教授到哈工大带职学习。我觉得北京那边也不一定好，考虑了很久，最终还是选择不去清华，留在哈尔滨。现在回想起来，如果当时去了清华，我可能就是从事航空工程了。

留下来后就面临着一个重新选专业的问题。其实我对当时专业的选择没有特别的倾向，学校就三个系——一个电机，一个机械，一个土木。土木系是哈工大最老的系，就是一系。分专业报名的时候，我们可以自己进行专业的选择，一系、二系和三系都可以自己填。像我们比较老实的学生，一、二、三系都填了，后来录取的时候，土木系比较强势，只要是填了土木系的，就由他进行优先选择，我就被选上了。最后发现凡是写了土木系的就都放到土木系里去了。所以这个专业的选择也算是服从分配。我就这么误打误撞地入了建筑专业的门。

全面而扎实的"工民建"教育体系

当时的土木系只有一个工民建专业，采暖、通风、给排水等专业还尚未形成。回想起当时的大学生活，功课繁重，非常累。学生一般是高中毕业考过来，先上1年预科，再上5年本科，一共是6年。哈工大的学时比较多，一共有3700～3800的学时，比现在多了50%。基础课多，学得也比较深入，物理、化学、力学都学。所以那时候学生压力都比较大。现在看来，这些课程虽然也是需要了解，但是还是太多了。像化学课本，就是本大部头文献，有两三厘米厚，学习难度可想而知。而且当时用苏联的教材，很多课文都是俄文的，对语言要求也很高。我开始学习的时候，完全用俄文还不太适应。本科一年级听专业课还有些吃力，需要老师在黑板写下来，后来才逐渐好转。

学校的住宿条件也比较差，那个时候是上下铺，一个宿舍有时候6个人，有时候8个人。房子是新房子，但是不太宽敞。那时候活动基本都在教室，在宿舍的活动很少，我们早上爬起来洗洗脸就

1954年的年轻身影

到了学校。因为校区拉得比较长，老校区这边宿舍不够，我们最早住在"沙漫屯"哈工大预科那边，宿舍离教学楼比较远，要坐汽车来回，有时候有卡车可以载我们过去，有时候我们得花半个多小时排着队走过去。总体来说，那时候生活条件都很艰苦

学校对学生的学业要求很严格，学习也很紧张。每学期都有考试，而且是每门课单独考。所有课程学完后，大概有一个月的时间专门进行考试。3～5天考一门，先留几天给学生复习，然后进行考试。一门接一门，一个月左右考完所有课程。考得比较严格，哈工大的考试制度比较特殊，是苏联的那一套办法：大家先排号，确定考试顺序，然后按顺序进一个屋，抽一个卷子，卷子上面有三道题，给你10～20分钟的准备时间，然后就坐在那里开始口头回答；其他学生在教室外面排队等着；答题期间老师随时会再对你提出问题，就突然给你提出来一个问题，看你答得怎么样，我们也叫"飞来的问题"；考完了当时就打分，成绩记录

在专门的成绩本里。哈工大有个全体学生的学习成绩本，把每个课程、每个年级的成绩都分好类整理在一起。打分是5分制，不像现在的百分制，那时5分是满分，4分是优秀，3分及格。大部分人都还是能够拿到3分以上，也有个别不及格的。这种考试相当严格，和以前发个卷子答题完全不一样。当时物理、化学、理论力学、材料力学等所有课程的考试都是这样。这样的考试办法也是哈工大很早就沿袭下来的，说不清楚是苏联专家带过来的还是白俄的时候就有。在这样的考试中没有办法作弊，因为每个题都不一样。所以那时候学生压力都很大，再没有歪门邪道可想，只有"华山"一条路，就是把功课认真学好。一到考试大家都会比较紧张，因为要是有两三门不及格就会留级。而且不但有期末考试，还有期中检查，期中检查不及格也很难通过。考试太累了，等到考完，大家都想放松一下，谁先考完谁就先出去玩。可以跟同学去街上玩玩，可以到学校的澡堂里洗澡、洗衣服，也可以到松花江上去划船。那时松花江边租船便宜，一个小时才一毛钱，我们凑凑钱可以在江上荡桨玩上两三个小时。

1955年在学校门口留影

辗转艰苦的求学之路

那时候对于所有的课程无所谓喜欢不喜欢，每门课都得学好。因为只要一门课不及格，就必须要补考，补考再不及格，就要考虑留级了。我的每门功课都还过得去吧，没有特别好的，也没有特别差的。整体来说，应该还在前五名里头。哈工大那时候淘汰的学生也多。一个班级总有那么三五个同学实在坚持不下去，补考也不及格，就被降班或者直接淘汰出去。但也得益于这么严格的教育体制，使得留下来的都是有足够的学习能力和刻苦精神的学生。

大学期间，我做过班长，也担任过班上的团支部书记，后来又是年级的团分总支书记，负责年级团支部的几十个人。受二哥的一些影响和鼓励，我比较早就积极入了党。我是1953年入党，那时候中国共产党在学校里公开就是1953年，之前哈工大党员是不公开的，第一批公开党员的时候就吸收我入了党。那时候党员活动也挺多，每周都有一次，还有一次团组织活动，在活动中我遇见并认识了我的夫人。

初试牛刀——等待分配期间的第一次实践

哈工大当时的学制时间比较长，包括预科实际上是六年制。其他的学校名义上是四年制，后来国家需要人，都是三年就提前毕业了。像天大、南工、同济差不多都是这种情况，就哈工大的学时没有动。我从哈工大毕业的时候是1956年，那时到处缺人，所有毕业生都由国家计委统一分配。我们一共有百八十人等待国家分配，然而分配的时间比较晚，一直等到国庆节。期间有的同学回家，有的同学休假，但是到了10月1日都得赶回来。在等待的时间里面，学校就找我做设计，交给我哈工大1万平方米学生宿舍的设计任务。我作为负责人，组织了二十几个人，就开始做这个设计。建筑、结构、设备，包括测绘，都是我们自己做，还自己做了概预算。这也算是我人生中第一次设计实践。哈工大学生宿舍的项目一共做了两个多月，这些工作都很不容易，但是最后都完成了。这个项目对我来说，不但绘制了建筑图纸，也算是一次组织工作的锻炼。我后来能够顺利主持大规模的项目，也要感谢在这个任务上面积累了经验。这个宿舍就在西大直街上，建成之后用了很多年，现在又加了一层，功能也改了，变成了海燕大酒店。算下来，这个建筑使用了将近60年，在不同的时期、面对不同的使用需求能够有相应的灵活适应性，也让我觉得很欣慰。

毕业分配——天南海北，自此各奔东西

做完了哈工大宿舍的项目我就等着学校分配。那时候大学生比较少，毕业都是由学校人事部门和中央协商分配的。我们这届是国家计委进行的分配，所以分配范围比较广。那时候北京比较缺人，所以大部分人，差不多有三分之二的人被分配到北京。这些同学有到各部委的设计院工作的，有到国防系统的，也有到各部委工作的；到一机部、三机部、四机部和建设部的

都有。因为要扩大从业人员，北京各部委和设计单位也比较重视他们。还有一些同学毕业之后到苏联去留学，两三年后再回来。这批人回来之后大部分也去了北京，留在哈尔滨的很少。我们同届后来从事建筑设计的也有，有跑到北京的大学的，有在冶金建筑科学院的，有在部级设计院的，也有在建筑科学院的，但是工作不太理想。还有少数同学留在了学校。学校的一些东南亚华侨也有分配去广东的。我的同班同学中有个印尼华侨叫司徒戎生，他毕业后先是被分配到西安冶金学院，然后又转到广州，先是任市建委副主任，最后被提拔为广东省侨办主任。后来他不幸得心脏病去世了。同年的还有一个不同班的泰国华侨，也是到了广州。那时候通信不那么发达，毕业后到了单位，同学联系得就比较少。

我是被分配留校。当时哈工大土木系的工民建专业有建筑教研室、结构教研室、施工教研室，我是被建筑教研室留下教书。我们这届工民建有三个班，还有采暖、通风、给排水班，加起来近百人，留下来的有十五六个，留在建筑教研室的有四五个，留在结构教研室的有四五个，其他就是留在施工教研室。我本来想去建筑科学院，可是不让我去，学校需要人，大家要服从分配，我就留了下来。当时留在建筑教研室的有4个人，包括我、常怀生、田瑞英和张琪，他们后来都不在建筑教研室了，有的转到建筑物理，有的转到建筑技术和建筑构造，后来还有一个去学规划，发展方向都逐渐有了转变。所以说我们哈工大的学生适应能力比较强。同届的同学，有调到建材学科，研究建筑材料的；有调到管理学科，研究施工管理的；有暖通的；有给排水的。因此，基础专业学得比较广，将来的发展空间也比较广阔。这也是哈工大工民建基础教育比较成功的地方和优势所在。

哈工大排球队的岁月

我在大学期间还是很喜欢运动的，那时号召锻炼身体，所以每天学习虽然紧张，还是会花上一个小时搞点体育活动，能够锻炼身体还不错。

学生时期排球打得比较多。我从小就比较喜欢打排球，熊岳城比较流行排球运动，我有时也跟大家凑在一块玩玩，逐渐就形成了这么一个爱好。那个时候也没有其他活动，大家除了打排球就是做点操或玩点器械。我们这些排球爱好者凑在一起，组织一个球队，就成了哈工大的排球校队。大家自己约好时间，比如到礼拜三的下午，课外活动的时候，一起去练球。天气好的时候在室外，冬天就在室内。我们学校有个室内小体育馆，就在那里练球。没有合适的教师做教练，我们就自己做教练。后来成绩还不错，哈尔滨市有几个主要球队，哈工大球队算是比较突出，经常在各种比赛中拿冠军或亚军。所以我们校队中的成员被选入省队或者市队的占一半以上，有六七个人被选上了。我后来还成为黑龙江省代表队的成员，团委给我评了"优秀运动员"的荣誉称号。每逢两年有一次东北地区的运动会，我们都要代表黑龙江省去沈阳比赛。1951年、1953年和1955年的东北三省比赛我都参加了。黑龙江省的成绩处于第二位；第一位是辽宁省，因为他们有专门搞体育的人；吉林省是第三位。三次都是这个成绩，还算不错。但那些活动也会对学习有影响，每次我们去沈阳参加比赛都要离开学校半个月左右。回来后，落下的课要自己补，笔记也要找同学借来抄。这些学习谁也代替不了，我也只能用休息时间抓紧补。我们宿舍到了晚上是要熄灯的，熄灯了就不能随便开，9点多钟的时候就必须睡觉，所以也只能早上早早起来。所幸每次落下的课程基本都补上了。

02

同济时期
氛围开放的

破例允许的人才培养

1956年我毕业留校工作后，建筑教研室需要培养教师，就安排我去同济大学读研究生。我们建筑教研室一共是去两个人，除了我，还有一个比我早毕业两年的同事，叫郑忧。郑忧当时已经是讲师了，而我刚毕业，还不是讲师。当时要求是讲师以上才可以去，但是需要培养人才，也就破例让我去了。去到同济大学那边，人家也接受了，所以算是破格去进修的。跟我同去的郑忧后来一直也在哈工大教书，研究建筑技术。

同济班上一共有20多个人，都是各校派来进修培养的比较优秀的年轻讲师。其中，他们本校来了8个刚毕业的本科生，相应

1957年在同济大学的校园中

的年龄都比我们小一些。我们外边学校去了十二三个人，有清华大学的、天津大学的、东南大学的、重庆建工学院的、湖南大学的、华南理工大学的，还有西安冶金建工学院的。每个学校来1~2个人。一开始去同济大学报到的时候，我们就和其他各个专业的学生住在一起，3~4个人一间宿舍，什么专业的都有，有道路桥梁专业的，有建筑专业的，都混在一起。到了第二年才分专业安排，把学建筑的学生调整到一栋宿舍楼里了。

同济时期的学习、生活情况比较好。因为大家都是讲师以上，本身都有工资。哈工大因为是六年的学制，待遇稍微高些。别的学校一个月56块，我们的是60~62块。当时一碗阳春面8分钱，我们每个月吃饭不到20块钱。我们也比较少进市内，进出市内车费也不高，大家都是学生，也比较节约。但是也有比原先要多出来的开销。原先我们在哈工大所有作业的纸张、工具，包括计算尺、制图板、鸭嘴笔等都是学校提供，课程设计作业都用很厚的纸板。后来纸张不再供给了，我们要自己去买，就买比较便宜一些的薄纸。哈工大以前吃饭也免费，到我们快毕业的时候，吃饭才要自己出钱，困难的同学可以申请助学金。到了同济大学以后，所有的工具、纸张就都要自己准备。

同济期间我也打排球。那时候我加入了由同济老师组成的教工队。但是上海设区较多，比赛的周期比较长；而且时间都在晚上，等比赛完再回到学校往往将近午夜，比较影响学习。其实我们比赛成绩还不错，赢了五角场体育学院的那个区，还赢了虹口区、长宁区等队伍。但是比赛实在拖太长时间，到了最后要进入决赛的时候，我就没办法参加了。我认为多运动有好处，但是不能占用太多时间，学习始终是第一位的。从同济大学回来，全国就开始了"大跃进"运动，"大跃进"不到一个月，我就被派到富拉尔基重机厂做设计。那时学生们被安排大炼钢铁，我们被派去进行现场生产设计。正常的生产、生活规律完全被打破，生活也比较动荡，我也就没有机会打排球了。反而后来到了西藏还打过，我作为工业厅的代表选手在西藏自治区运动会的时候参加了排球赛。在同济大学的时候，除了排球教工队的活动，我还会经常打打篮球。我们那时候吃饭在同济新村，上课在主校园，这两个地方隔了条马路。每到下午课外活动的时候我们就从主校园到同济新村锻炼、打篮球，然后再去吃饭。我以前是打排球的，但是到了那里大家都打篮球，我也就跟着一起打。

从北方到南方，一开始不太习惯，后来逐渐也就好了。上海那边冬天冷夏天热，作为北方人，还是喜欢哈尔滨多一些。但是上海人多，经济头脑也比较灵活，是这座城市的优点。同学间的人情会比较淡薄一点，但是我们同学之间感情还不错。后来因为大家毕业后回到各自单位，联系得就比较少了。

严谨认真的苏联专家

在同济大学教我们的主要是苏联专家。其中一位教我们的苏联专家是列宁格勒建筑学院来的副教授，叫克涅捷夫。当时来华的专家其实地位都不太高，因为苏联也很困难，所以来的博士和教授很少，大部分都是副教授。哈工大来的二三十个苏联专家中，真正的博士和正教授也就两三个，其他都是副教授。但是这些来华专家的水平都很高，教学很认真，也很讲究教学方法。他们上课、板书都很严谨，都拿着自己准备的小纸片来讲课，教学效果比较好。而当时我们本国的老师很多属于欧美体系，也没有太多教学经验，普遍是拿着讲义照本宣科；或者装模作样，应付半天也不给你讲。像我们在预科的时候有语文、美术等课程，一些从上海招聘来的老师给我们讲课，装模作样地拿了厚厚一堆书过来，课都上完了课本还没有打开，这样的情况很多。苏联来的老师就不一样，上课非常严谨。我们的学习任务主要是听苏联专家讲课。我们和其他建筑系的老师接触不多，偶尔参加一下他们的教学活动。那个时候思想还不太解放，但是同济大学的教授来自各个地方，有欧美的、日本的，学术观点完全不一样，思想比较活跃。同济大学当时可说是全国学术观点最不统一的高校，现在也保留了这个特点。

当时名义上请克涅捷夫来是教工业建筑。中国想要搞建设，要大量建设工业建筑，但是实际上不现实。苏联本身也没有什么明确的工业建筑，所以他也就只能讲讲工业建筑的总平面和工业建筑艺术，此外还会讲一些新技术。克涅捷夫教授懂法文，还会给我们介绍一些法文杂志的内容。

当时研究生学习和现在不太一样，主要是听老师讲课，没有什么研究课题。我们一天上两三节课，课余时间做设计，比本科的时候轻松很多。当时也没有多少书可以看，资料很少；图书馆也主要是俄文书，中文书比较少。我的俄文还算可以，就还能去图书馆找点书看。其他也就是看一看教授课堂上讲的东西。学校还会组织些参观，主要是参观工业厂房如钢铁厂、纺织厂、罐头厂、食品厂和造船厂等。像江南造船厂和沪东造船厂，我们都去参观过。还去看过屠宰厂，就是原来的远东第一大屠宰场。这个屠宰场现在改造成了一个创意园区——1933老场坊，还不错。参观时就自己做笔记，在本子上把一些感兴趣的记录下来。学生都还是穷，基本都没有相机，所以还不能照相。

苏联专家对我还是比较欣赏。有次考"工业建筑设计原理"课的总图运输。因为俄语的优势，我看过很多苏联的书，书里有介绍这些工业厂房的一般发展趋势，就是将来要以汽车运输为主，不用铁路，铁路运输制约性太大，花钱太多。我就回答如果使用几十吨的汽车来进行货物运输，厂区就可以比较简化了。当时我考完就走了，后来在考场做翻译的教研室副主任告诉我，苏联专家比较赞赏我的答卷，说应该要多加一分。

我们一共是做了两个设计——一个仪表厂的多层工业厂房和一个造船场的单层工业厂房，做完两个设计两年基本就过去了。做设计前，我一般会先到图书资料室翻阅一些杂志。比如多层厂房的设计，我会先找找相关的布局或者结构形式的可能性，然后选择使用的跨数、选择使用连续梁或者悬挑梁，再选择使用的平台。单层厂房是一个造船厂，我设计的屋盖结构比较新颖，用数个独立扭壳结构进行组合。这些只是设想，能不能实现还没有经过结构的检验。也有同学比较欣赏我的设计，同济大学还把我们多层厂房的作业展出给其他学生看。

当时大家主要学习的就是工业建筑。但是工业建筑有个特点，就是工艺不由设计师决定，比较死板。设计师要尊重工艺，能够自己自由处理的情况比较少。这也就决定了工业建筑的局限性。

严谨与创新——互补的两种学习体系

我在求学阶段主要经历了哈工大和同济两种不同的学习体系，对两种体系都深有感触。哈工大的建筑学教育重视多学科发展，技术比较强，和一般的学校相比教学比较严谨。另外教学比较严格，课程负担比较重。学生作业都很认真，作业也得画正式图，甚至还得做彩色渲染。作业一定要做完，最后考试过了作业没做完也不行。但是现在来看，教学方法可能比较单一。同济的教学特点就比较不一样，教授有从法国回来、从英国回来、从奥地利回来的，也有从美国回来的，还有从日本回来的，学术背景比较复杂，思想也比较活跃。

虽然两种体系各有优缺点，严谨也好，活跃也好。但从我个人的感触来说，还是觉得稍微活跃些好。当时工业建筑的教学比较死板，要做什么就是什么，不能由自我创作。我觉得还是注重创新精神、思维碰撞的教学模式更能够培养学生。这也是我在同济期间对我思维模式最大的触动。

当时同济和哈工大之间的交流也挺多。哈雄文教授就是1958年同济大学支援哈工大的。同济那时候大鸣大放，要同济教师支援外校。我们给学校建筑系主任和李昌校长写信，学校表态会争取，然后同济就派了哈雄文过来。哈雄文教授原来在国民政府当过营造司司长，又曾经在美国留过学，在同济也算是有点历史背景的人。他来了之后帮我们把握方向，是大家很尊敬的一位教授。

3

时代难题下的
奋进与坚持

01

跃进年代的
自强建设

工业时代的富拉尔基重型机械厂水压机车间设计

1958年8月我从同济大学学成归来，回校不到一个月，9月就要我作为项目主负责人，带领一个班级学生去完成富拉尔基重型机械厂水压机车间的设计任务。

这个项目是当时哈工大的校长李昌争取回来的。李昌是湖南人，1915年出生，原来担任过团中央书记处书记，后来任中央人民政府扫盲工作委员会副主任、党组书记。1953年来到哈工大，担任校长和党委书记，1964年离开哈工大。当时是团中央抽调两个干部支援高校，抽调蒋南翔到清华大学，抽调李昌到哈工大，算是国家对这两个学校的重点支持。李昌当时知道了这个设计任

1958年松花江畔留影

务的消息后，就争取了回来。那个时候在国内，只有三个大的单位在做水压机车间设计：一个是一机部设计院，也就是机械委设计院，他们设计的是德阳重机厂，也是水压机；一个是上海的腈纶机厂那边，也搞了一个水压机车间；另外一个就是我们这个项目。那时候这是重点项目，大家都抢着上。当时也是"大跃进"期间，要"放卫星"，这是我们系第一个重大生产设计项目，哈工大当时也是把这个项目作为全系的一个"放卫星"重点。这个项目到现场做了两三个月，回来又做了半年。当时国家强调要现场设计，都已经不上课了，所谓"真刀真枪"，教学结合生产。全国基本都是这样的情况。除了现场设计，还全民大炼钢铁——

大家找些废钢废铁，修个小高炉开始炼，炼出来还是一堆废钢废铁。

实际上那时候困难时期已经开始了。"大跃进"前期，粮食还很富余，后来突然就出现了物资短缺的情况。原因主要是和苏联关系闹僵了，咱们要用农副产品还债，好的果蔬粮油都要给他们。粮食供应开始困难，水果、花生之类的也都没有了。虽然粮食定量没减少，实际上缺少油水，蔬菜也少了，肉基本是吃不到的。分配的食物吃不饱，有的同学只能去买酱油冲汤喝。突然间就什么都没有了，在商店里也买不到什么像样的东西。那时候两个国家关系紧张，老百姓都吃了很多苦。学校里暖气供气也少了，煤也少了，楼房里也就开始变冷。过去冬天我们土木楼里相当暖和，一进楼就要脱棉袄；后来煤烧得不足，特别冷。那时候大家都是又饿又冷的状态。一些学习材料也不提供了，像三角板、丁字尺之类的工具倒是还可以借，原先免费供应的绘图纸张之类的就没有了，纸、笔都要靠自己花钱买，我们就去秋林的商店买；纸张也没以前好了，都是粗纸了。对于那几年的艰苦生活，大家都没有思想准备。

我们当时带了工民建的一个班级的30多人，到富拉尔基重机厂的工人区去进行现场设计，设计完马上动工。富拉尔基比齐齐哈尔还要稍微远一点，到那儿要坐一晚上火车，路上比较艰苦。我们晚上会路过大庆，当时大庆正在找油矿，马路两旁都是钻探点。到了晚上，路过那里都会看到很多像天灯的情景，就是他们钻探出来的煤气在燃烧。当时我们不知道那是什么，因为那时候大庆油田的勘探是保密的，一直到1963年才公开。火车站离厂区比较近，那时候富拉尔基市内没有什么像样的交通，我们下了火车直接走去工厂。

我们是9月下旬去的富拉尔基，那里已经进入冬天，比较冷。我们得派人轮班去添煤，烧火墙、火炕取暖，条件很艰苦。富拉尔基机械厂原来有个苏联设计的6000吨的水压机车间，后来进行了扩建。这个工程也比较大，水压机车间的吊车很重，约300吨，跨度很大。我们这些同学搞建筑的、搞结构的、搞施工的都有，怎样安排大家分工画图，对于我来说是个考验，也是个很难得的锻炼机会。当时我也没有经验，只能慢慢摸索。我把每三五个同学安排成一小组，有的做生活间，有的做厂房，有的搞计算、有的搞基础，有的搞桩。那时学生都比较认真，也都比较服从我们的安排，没有特别不听话的。当时去富拉尔基都是工民建专业，设备专业没有去，设备方案是回来再进行配合；教师队伍也不全。设备专业有暖通的老师当时在那做辅导。但是像结构专业，钢结构方面的老师不多，光有力学老师在那就很难具体承担生产。力学老师辅导学生做排架可以，再往后就觉得困难。当时也有个别老师会根据需要去一二十天，再回到哈尔滨。到了现场做了两三个月，我们年底回到哈尔滨继续做，又用四五个月的时间完成了施工图。幸亏是去做现场设计，没被拉去大炼钢铁，没有受到干扰。我们这个年级都在搞生产设计，回来后，暖通和给水排水水毕业班的学生也参加了进来。

浮夸年代的万人体育馆设计项目

完成富拉尔基的设计任务后，学校要我带队参加哈尔滨市体育馆项目的竞赛。当时是1960年左右，全国"大跃进"，每个省都在筹划兴建大型体育中心。黑龙江省筹划的体育中心包含6万~10万人的体育场、万人体育馆、游泳馆。此外，黑龙江省还在筹建万人速滑馆、万人冰球馆。北京则筹划在五棵松建可容纳25万人的体育场。当时我带领近百人的师生队伍代表学校接受哈尔滨市万人体育馆的设计任务，另外还有市设计院、省设计院和我们学校一起争夺这个机会。

当时的设计资料还是比较匮乏，主要也就是杂志上能看到一些案例。杂志也不多，国内的有《建筑学报》，国外的有《苏联建筑》。其他国家如法国、英国的杂志基本没有。有的单位有杂志，也没有人去看，基本没有起到什么作用。知道我们在做体育馆设计之后，在哈工大支教的苏联专家普利赫吉柯教授从乌克兰基辅寄来建成不久的基辅冰球馆建筑设计图片。基辅冰球馆是钢桁架屋顶结构，铝合金的顶板，也有活动木地板和活动看台，只是比较笨拙一点。当时我们做了6~8个方案，后来国家体委基建财务司的人来哈尔滨看了这些设计方案觉得挺满意。省委常委为了定方案，先后开了8次审查会议，但是意见很难统一。当时的市委书记任仲夷比较支持市设计院的方案。还有一个省委常委陈剑飞，他夫人是省设计院院长，他支持省设计院的方案。我们这个方案就是李昌支持。这些人里面，欧阳钦是省委书记、中央委员，李昌是中央候补委，都是中央级别的。由于争执不下，方案一直没有定下来。后来困难时期开始了，投资没落实，这个项目最终也就没有实施。

同时我们还承接了万人冰球馆、巨型速滑馆、省大型体育中心总体规划项目的方案设计任务。但是到了1960年底，由于自然灾害的来临及"大跃进"遭受挫折，这些计划都被迫中止，师生重返课堂，恢复正常的教学。

这些设计项目有好的一面，也有不好的一面。好的一面是万人馆同时作为当年的毕业设计项目之一，有建筑、结构及其他有关教研室的大部分师生参与设计，比较好地完成了结构和建筑的配合。当时我们做设计的主要就是工民建专业，建筑、结构基本都懂，所以有搞建筑的，有搞结构的，容易配合。这样的设计组织模式其实到今天也还是有其优势的。另外，体育场馆如果不考虑结构，做不出方案；同时结构总要更新，不能老用原来的结构，像普通的梁柱结构体系就不宜用在大空间里头，桁架也比较陈旧。此外，"大跃进"的激进思想固然有其弊端，但一定程度上促进了教学改革，促使学生离开课堂走向社会，广泛参与设计和科研活动，实现教学、科学、生产三结合，促进我们的建筑教学由封闭式教育转向开放式教育。同时，这一运动也掀起了国内建筑界体育场馆设计研究热潮，如哈尔滨工业大学、当时的建设部建研院、同济大学、上海民用建筑设计研究院等单位都投入了相当人力来研究场馆设计，并发表研究论文，对场馆设计来说，可谓一笔可贵的精神财富。

不好的一面是现在看来这些项目都超越了当时的经济实力，没有条件建起来，最后没能实现。当时全国都在搞建设，每个省都要建体育馆、剧院之类的公共建筑。那个年代浮夸现象比较严重，社会上全民大炼钢铁，砌个炉子，整天用高温炉子烧。我们还好有设计任务要去完成，就没参加炼钢铁。后来到了1960年代初，国家有困难了，就出台"严禁楼、堂、馆、所"的建设政策；之前没有困难的时候，就"大跃进"。这样的现象到了今天，虽然没有以前那么夸张，但也还是存在。像前几年，大家不从实际出发，好大喜功，都搞体育中心，这就过分了。从2000年左右开始，我国体育场馆建设出现了前所未有的高潮，除了北京为2008年奥运会大兴土木之外，各省市也纷纷建设颇具规模的大中型体育中心。这些体育中心一般包括可容纳三五万人的体育场、四五千人的体育馆、两三千人的游泳馆，有的则是可容纳六万人的体育场、万人以上的体育馆、五千人以上的游泳馆，同时还设有各种训练馆、体校等设施。建筑面积一般在十万平方米上下，有的高达二十万平方米，投资少则三五亿人民币，多则十几亿，有些甚至高达二十亿。所以我们的场馆建设也往往没有从实际出发。中国体育设施真正缺的是群众体育设施，不是比赛场馆，而现状显然是脱离实际了，不管多大的城市都要搞体育中心。其实一个省有一个体育中心就行了。

从"不支持"
到"不反对"
——体育建筑
的课题创新

顶住压力引入体育建筑教学内容

我被派出去读研究生主要学的是工业建筑，回来也要我教工业建筑的课，辅导工业建筑设计。所以我一开始讲课是讲工业建筑，还带过工地实习，也曾经要我给别的专业上课，如公路建设、交通建筑之类。那时候要我去讲，我就找了本书，照本宣科。最开始讲工业建筑的时候，一部分是依靠我在同济大学时期的学习，另一部分主要靠书本。苏联当时出了几本很厚的关于工业建筑的书籍。当时苏联和咱们有文化协定，所以他们的书都便宜，一个卢布就相当于人民币一块三，我就去买回来。那时候中国市场上真的也没有几本书，不管是中国出版的还是苏联出版的。

最开始带学生做的设计主要是工业厂房设计。但是我觉得用过多工业建筑做学生教学的课题有很大缺陷。工业建筑受工艺限制太严格了，动弹不了。建筑设计方案必须要很符合工艺要求，而工艺又不是我们能决定的。但是体育建筑就不一样，首先是本身的功能需要自己琢磨、研究、调查，具有一定的灵活性；其次体育建筑是大跨结构，技术比较复杂，设计者需要具备多方面知识，尤其是结构方面的知识，所以在功能技术层面上又具有一定的复杂性。我觉得会很有好处，就主张要用"体育建筑"这个课题来培养学生。原来的东西太陈旧，不符合于教学实际。比如课程安排上，工业建筑占的比重最重。工业建筑讲课学时多、设计学时多，有单层厂房、多层厂房，甚至还有总平面图。我自己主动提出来教学改革的一个方案。我还记得在教研室的黑板上，我将应该上什么课，以及怎么进行教学改革的倡议写出来，请大家讨论。

提出来这个课程改革，也经过了一番努力。当时土木系分有工业建筑教研室和民用建筑教研室。我是工业建筑教研室派出去学习的，学的也是工业建筑，他们就不支持我来弄体育建筑。有的老师反对，说工业建筑课题不能动。但我认为应该要打破这个界限，课程排法、设计学时甚至包括教材，都应该要改。在这个推进的过程中，学生的反应都很好，都愿意做，就是老师有看法。后来我就采取额外完成任务的办法。因为正好有万人体育馆的生产设计任务，我说学生有兴趣，愿意做，有收获，那么这个学时我不算，我还照样完成教研室的任务，体育建筑的教学算我额外完成任务。这下他们就没话说了，但如果我没完成本身的任务是不行的。我也就可以利用学校认可的设计任务，名正言顺地进行体育建筑方面的研究和教学了，在这个情况下，我将体育建筑的课题坚持了下来。所以这个万人馆的项目虽然最终没有实施，也算是帮助我顺利展开了体育建筑的教学研究。万人馆投标的时候是工民建三四个班的建筑专业和结构专业一起做，还有暖通专业、给排水专业也一起配合。后来是我们建筑专业自己做，作为四年级的课程设计和毕业设计，一般是做半个学期，有时候是一个学期。内容上主要是做中小型体育馆。设计学生们都挺感兴趣的。把体育建筑作为设计题目对学生的训练有好处，另外我们都是建筑、结构、设备等各专业配合，更是锻炼了学生在专业之间的协调能力。

展开体育建筑设计的教学是一个过程。一开始教研室不太支持，可是他们也没什么办法，因为他们也没有拿出什么好方案出来，所以就只能让我试一试。所以后来教研室也不明确反对，反正我就一直搞体育建筑教学了。我带的课程设计、毕业设计都用这个题。从55班到58班的毕业设计也都是用的体育馆建筑设计这个题目。我关于体育建筑的研究和探索就是从那时起开始展开的。那个时候我教课还是教工业建筑，但带的设计是体育建筑的题目，也还有带工地实习。大概1962年、1963年以后，工业建筑教研室不太兴旺，教师们就都转向民用建筑教学了。我后来也就主要做体育建筑，偶尔也会带着低年级的同学参与小的设计，如托儿所、幼儿园、医务所之类。

设计从实际出发——1960年代的全国调研初衷

我开始带学生做体育建筑课程设计的时候，觉得有必要出去跑跑看看。不了解实际情况，怎么能发现问题，做好设计呢？所以从55班开始，差不多是1960年的时候，我们带着这些学生做社会调查，在外跑了好多地方，如北京、天津、南京、上海，做了一些调查研究。他们一个班20多人，分两个组。我们这组做体育馆，另一组人做住宅。最开始就我一个人带队，带了13个学生出去调研。我们曾给省体委做设计，有设计费。但在20世纪七八十年代的时候，我们做完设计是没有个人收入的，所有设计费都要交给学校统一分配。一直到1990年代初，个人才有设计费的支配权。当年我们给富拉尔基重机厂做设计，年底回来，我带回来八万块钱，全交给了学校，完全没有个人报酬。那时候学校成立所谓"共产主义设计院"，他们把这钱拿去花掉了。我们全国调研的经费还需要找院长特批，他批了才能够财政拨款。我们申请了点钱做差旅费，这就出去了。后来他们做住宅的不甘心，就也去学校申请，学校也批了点经费让他们出去调研。我们全国调研一次大概是三周左右，不到一个月。当时经费并不充足，车费、住宿费、伙食费加起来还是比较紧张的。

后来我们带研究生调研的范围扩大了一些，到了北京、郑州、武汉、重庆，又从重庆坐飞机到了广州。那一次我们跑得比较远。我们调研的主要对象就是体育场馆，要了解他们的场馆是怎么设计的，使用又是怎样的一个情况，利用率如何。我们当时调研一方面是找了学校开介绍信，另一方面我们还要依靠国家体委基建财务司，因为地方的各个体委都归他们管，他们开介绍信地方的人就能接待我们，安排住宿等事情。不然出去调研根本得不到接待，场馆也不会让你看。所以那时候调研主要还是依靠国家体委的支持。

调研的主要目的是从实际出发，我们通过这些调研可以了解中国的场馆到底怎么用，经营情况到底怎样。从国外一些场馆的情况来看，都是比较先进的、多功能的，而且都是比较大的，有很多是冰球馆。当时中国还没有冰球馆，大型场馆也不多。全国调研一共进行了三五次，我们就基本把全国的情况摸清楚了。整体感觉上，这些场馆都有一点过时，只有当时的广州体育馆还比较先进，屋盖结构是个薄壳，上面有采光窗。其他的像北京和天津的都是钢桁架，室内也比较凌乱，吊着灯；北京的还有天然采光，但是漏水了；广州的是有天然采光；武汉的就比较差了。全面结合来看，国内的体育场馆当时在设计和设施上都不太完备。印象比较深的是上海卢湾体育馆，我们在那里待的时间也比较长。这个卢湾体育馆，现在看来规模不算大，但是管理得比较好，利用率比较高。这个场馆每天的运营情况都有记录，我们把记录找出来做了个统计，就比较清楚地了解了情况。

这些调研整体来说比较艰苦，但也算比较早地摸清了全国体育场馆的使用情况。现在看来，调研还是很有必要，对确立正确的设计方向，解决中国的实际问题，以及设计应该攻克什么难关，都很有帮助。不调研不了解中国情况就随便指手画脚可不行。

我在1959年的时候在《建筑学报》第十二期上发表了"大型体育馆的形式、采光及视觉质量"。这也算是我的第一篇论文吧,是根据我们设计和调研的心得体会做了些整理,也做了些分析研究。所以这篇文章里既有研究的,也有方案的,还有构造做法的,就都放了上去。当时是《建筑学报》来哈尔滨组稿,学校要求我来写个稿,所以我就写了这篇。这篇文章是当时国内仅有的几篇关于体育建筑设计研究的论文之一,因为文章中较为翔实的一手资料汇总及分析而受到业内的极大关注,并产生了比较大的影响。

03

斩露头角，
遗憾中断

未成行的南宁体育馆修改任务

后来由于我在体育建筑教学和实践方面的工作逐渐受到认可，受到学生欢迎和国内建筑界的关注，国家体委计划司就推荐我去进行南宁体育馆的设计修改。这个体育馆最早是当时外交部陈毅外长带回来的项目。他在国外柬埔寨看到了一个法国人设计的体育馆，觉得比较好，就把它拿回来，建议南宁采用。南宁体育馆开始是由广西南宁设计院做了方案，国家体委看了不是太满意。我正好到北京出差，他们就要我看看。看了之后，我也觉得是有些不太合适的地方，也征求了当时北京市建筑设计院的熊明总建筑师的意见。熊明是江西人，他和我应该说是同龄人，也是

1950年入学的。但他在清华读了三年本科，又读了三年研究生，1956年毕业。熊明当过院长，也是设计大师，他是国内做体育建筑比较早的，做了北京工人体育馆、北京首都体育馆、大学生体育馆、木樨园体育馆等作品，在体育建筑设计方面经验丰富。我们后来也经常有来往，交换设计看法，关系很不错。当时我就去找他，听他的意见。后来体委那边就建议我们到南宁去帮助修改方案。我们已经答应了，票都已经定了，结果我们学校领导要求我们上山下乡，不做这件事，我就没去成，再后来又要我去西藏了。现在想来，当时也有可能是考虑要我去支援西藏，总之学校领导就没同意我去南宁。这也是一个遗憾，还好后来他们南宁自己改得很成功，受到建筑界好评。

上山下乡号召下的支援加格达奇城市设计建设项目

学校不让我去帮忙修改南宁体育馆，交给了我们支援大兴安岭加格达奇城市建设的任务。加格达奇本身是黑龙江的一个区，却位于内蒙古自治区呼伦贝尔市鄂伦春自治旗境内，是在鄂伦春自治旗境内建设起来的一块"飞地"，四周全部被鄂伦春自治旗的行政区覆盖包围，面积约100平方公里，也是林区。这个项目是我们学校支援的，当时强调上山下乡，要恢复正常化，一声令下，就要我们到加格达奇去做现场设计。加格达奇的城市规划设计任务比较复杂，不仅有整体的城市规划，还包括单体建筑的设计。城市建设的所有项目包括法院、邮局、银行等内容都要设计。所以我回来以后还带学生们到哈尔滨拘留所、银行金库这些地方去参观学习。后来这个项目大部分也都实施了，相当于加格达奇的新城区就这样全部被设计建设起来。

当时我们带了工民建300多名学生，还有各个系的20多名骨干教师过去。加格达奇现场设计的条件比较艰苦。当时是铁路集团负责接待，我们吃饭就跟铁道兵团的铁道兵和铁路系统的员工一起，得走一两公里去他们食堂吃饭。东北基本都是粗粮，当时已经过了三年自然灾害，提倡粗粮细做，食堂做得还可以，伙食还行：有苞米面窝窝头，后来还做发糕；菜也有一点，基本是土豆、萝卜、白菜这些。虽然生活还是比较艰苦，也没啥东西，但好歹能吃饱。我们在那都是住帐篷，二十几个老师睡一个大帐篷里头，里面临时搭的床铺。三四月的时候加格达奇还很冷，晚上屋里还需要烧炉子，棉帐篷也不怎么保暖，地上还有冰碴子。厕所都是露天的，要上厕所还得到室外去；要用水也要从一二十米深的井里打。那个井的水结了冰碴，很难用桶把水提上来。晚上我们还得轮班打水。加格达奇有挺多鄂伦春族人，比较有特色。鄂伦春族是马上民族，需要上山打猎；他们特别喜欢喝酒，有些人喝完酒也会耍酒疯。他们还有王爷，就跟他们住一块，在他们族人里头很有权威。鄂伦春族的村庄附近有火车停靠站点，火车一停，就有好多做小生意的村民，挺远跑过来，到火车上卖点豆腐卷之类的小吃。

我四月份收到学校的通知，要我尽快从加格达奇回校。其实当时在哈工大，主要也还是我在完成这些设计任务。几个大设计，像重机厂设计、加格达奇城市规划建设，也都是我在组织，我也算是业务骨干。我一回来，那边的工作就只能别人接了。那边建筑、结构、设备的老师有二十多个人，由他们替换着来带队。回来以后才知道，要我回来那就是准备派我去支援西藏了。

从1958年刚毕业做的富拉尔基机械厂设计，到1965年末正式开始的南宁体育馆修改和做了一半又被叫回来的加格达奇城市规划设计，这七年的工作过程算是我人生中事业的第一个阶段。虽然工作刚刚起步便被打断，但一线的实践经历也让我有所感悟，其中最大的收获就是坚持教学结合生产，理论联系实际。中央的一些政策，像"大跃进"是比较浮夸，幸好这个教学结合生产，不脱离实际的原则坚持了下来。只有理论联系实际，注意调查研究，我们的设计才能得到发展。

4

西藏岁月的磨砺

01

分
配
支
援
西
藏

1965年的时候，我响应国家号召赴拉萨支援西藏建设。当时据说是西藏自治区要搞发展，要搞建设，缺少建设人才，希望中央各部委支持。当年这个报告给毛主席看了，毛主席批示要支援，中央就决策要全国支援西藏。

我是3月去加格达奇进行现场设计，4月下旬就通知我回哈尔滨，通知只说要我回来，也没说是什么事。回来了学校才告诉我，要我去支援西藏。具体的情况学校也没细说，那时候提倡要"上山下乡"，在那种趋势下，觉得被派去西藏是工作的需要，实际上也是党对我的考验。所以也没有过多的考虑，就去了。我们学校当时去了三个人。还有属于建设部系统的建设部设计院、重庆建工学院、北京工业建筑设计院、上海华东设计院以及武汉工业建筑设计院等都去了人。一起抽调了几十个人，都是各自分头去的。也有单位做工作比较困难，如建设部设计院有个人，走之前单位就答应很多条件，比如给家属、子女解决工作。但总体来说，这样的情况比较少。

我们5月份出发，去的路上经过北京，就到建设部去了解了一下情况。从建设部当时的人事处长那得知，我们这是第三四批被派去的人，支援三四年，然后轮换。我们离开北京，先到西安，往前走是柳源，过了柳源就坐公共汽车进藏。顺着青藏公路，我们坐了一个礼拜汽车到了拉萨。

那时候西藏条件还是比较差。交通不行，物质供应也比较差，没有什么蔬菜，藏族也没有吃蔬菜的习惯。有个"八一农场"，情况稍微好点，但是他们种点菜我们也吃不上，因为他们的菜基本上没有拿市场去卖，我们有时候能去农场买一点。幸好那个地方各单位自己可以种菜，白菜、土豆、萝卜什么的都能种，但是冬天储存比较困难，当地居民也没有储存习惯。我们一般在单位食堂开饭，到冬天基本就看不到蔬菜了。另外，平原地区的人去了西藏气压上也不适应。那是高原地区，海拔约3700米，只有80%的氧。做饭得用高压锅，不用高压锅做不熟；烧水不到80°就开了。我刚开始到西藏去也会缺氧，脸总是会变得发紫，睡眠也不好，需要一段时间适应；每次休假回去都要休息一个礼拜才缓过来。在拉萨期间的生活总体还是比较艰苦。

在西藏林芝地区
尼洋河畔调研

笑对西藏的艰
苦生活

西藏岁月的磨砺

我们在拉萨期间的工作单位叫"工业建筑勘察设计院"。那时候所有的建筑设计院都挂个工业建筑，好像名正言顺挺时髦，实际上也没有做工业建筑。大家去到西藏后都是服从分配。我们基本就留在拉萨，有十几个人被分到军区营房部，有十几个人被分到设计院，还有一部分人被分到拉萨下边的乡镇。我是属于被分到设计院的。到了设计院之后发现人调多了。受建筑材料的限制，西藏的建设项目很少。西藏没有红砖，因为烧砖靠煤，而拉萨缺煤。他们用得多的建筑材料是土坯，那些土坯质量很差，一脚就能踢碎。而且如果是工业建筑，都由国家各部委的设计院承担；一般民用建筑也不需要设计院参与，群众自己就解决了。所以我们当时基本上闲着没事，没有什么设计可做。后来发生"文化大革命"，工作生活就更加不正常。"文化大革命"对我来说总体有影响，但也影响不太大。因为我们在西藏，没有参与学校里的派系争斗。西藏生活虽然艰苦，但也避免了一些事情。学校里边派系斗争比较厉害，哈工大土木系当时就分成两派，斗得很激烈。在西藏也有斗争，也分派系，也动枪炮，有些工人自己在工厂做枪炮，甚至有死人的地方。但是我不参与，影响也就不是太大。这十年期间，内地也好，西藏也好，基本没有什么工作，相当于荒废掉了十年。

与西藏布达拉宫
的合影

西藏岁月的磨砺

02

西藏往事

　　我们在设计院里总要找点事情做，当时我们的老院长是华南理工大学的校友陈开庆，他支援西藏比较早，就做了设计室主任及院长。后来老院长出了个主意，让我们去做拉萨民居调研，认识熟悉西藏建筑。这次调研先后有20余名藏汉同志参加，由我负责组织，团队主要有张声望、汪启宗等14位同志，并有多吉、桑点等5位藏族同志协助翻译。调研就在市内，从1965年7月到次年2月，花了半年多的时间，我们挨家挨户地走，基本每家都跑了，包括政协副主席的家我们都去过，还有一个妇联主任家我们也去了。这位妇联主任挺奇特的，她在当地还挺有地位，西藏允许一妻多夫制，她就有两个丈夫。调研结束之后，我们完成了图文各一册，并整理了一篇有关拉萨民居的文章，从概况、总体布置和平面组合、居室布置、低层高的特点、居室空间处理以及结构与构造做法这六个方面对别具一格的藏族建筑进行了介绍和分析。文章写好了，印了出来，还去报社把调研相片冲洗了出来，勉强也能用，就由我将这篇文章在西藏土建学会年会上宣读进行了学术交流。其后，由区学会推荐参加1966年在延安召开的中国建筑学会年会的学会交流。结果到了要开会的时候，设计院领导没通知我们。可能也是别人有想法，大家进藏了要出去一次很不容易。后来陈开庆出差到哈尔滨的时候对我表示了歉疚，说当时接到通知，但没通知我。我倒是不在乎这个，去不去都无所谓。后来由于"左倾"思潮的影响，当时这一成果不仅未能参加延安年会的交流，反而蒙受了不白之冤。参加这一专题工作的部分同志也都不同程度地遭受到了不应有的打击，"文化大革命"开始之后，更被加上各种莫须有的罪名。从此，这一成果被打入冷宫。

本来这篇文章一直被搁置着，我们从西藏轮换回内地后，由于当年参加工作的同志分散在全国各地，也没有机会进行修改发表。未曾料到在1981年3月发生了令人不愉快的论文被剽窃事件。有人在《建筑学报》上发表了"藏居方室初探"的文章，读来却是"拉萨民居"的全面剽窃，其基本论点、主要内容、资料、数据、分析方法和绝大部分插图与我们的文章毫无二致。这位署名者虽然在西藏工业建筑设计院工作过，但从未参与我们的民居调研工作。这不能不引起原调研组十多人的愤慨。大约在1981年夏秋我到北京出差，遇到原调研组的几位成员，便相约去《建筑学报》编辑部反映情况，讨回公道。该杂志社编辑表示要认真对待，澄清真相，但不知为何久不见音信。后来在原调研组成员多次催促下，我们转请《建筑师》杂志将"拉萨民居"全文及参与调研人员全部刊登出来以正视听。也是在这件不愉快的事情的刺激下，"拉萨民居"这篇文章经历了一个苦难的过程，终于和读者见了面。后来《建筑学报》也以很少篇幅做了一个说明，这件令人不愉快的事总算得到了澄清，就让它翻过去吧。

利用窗口深度　　　　　利用挑窗空间

利用墙身

利用墙身作壁柜　　　　利用窗台　　　　边角上部空间利用

发表在1981年12月《建筑师》上的"拉萨民居"插图

后来我们又被派到林芝去做所谓的现场设计。林芝也算是个新兴的工业城市，属于林区，气候好一点。自治区有个人称乔老爷的党委副秘书长管我们设计院。他是个老红军，但不太讲政策，有点独断专行。后来在"文化大革命"中他也被批斗过。我们这些人在林芝待了半年，被派去劳动锻炼，去当工人，参加修建毛纺厂的工地劳动。当时乔老爷还要我们背砂浆、搬石头，说要改造知识分子。等到劳动完，自治区党委副书记麻贵书找我们座谈，问我们怎么样，我们就如实反映了情况。座谈完后，决定要我们返回拉萨设计院。

回到设计院后很快就开始了"文化大革命"。西藏也分派系进行斗争，整个拉萨分成两派，也动枪动炮，这样子大概持续了一年。派系斗争会影响到单位，我们生活也不正常。我们是住在设计院里，还有些人就了跑出去。工程师以上的都算反动权威。我是一个，陈开庆也是一个，我们很多同事都被斗了一下，戴了高帽，当时要制造那种阶级斗争的气氛。我们那还算好的，有个水电部来支援西藏的，他可能是说了点坏话，结果被打成牛鬼蛇神，他们更加艰苦。后来人家告状到中央去才平反。"文化大革命"结束后，西藏恢复了生产，但也不太正常。我是1965年5月到了拉萨，1975年10月回到哈尔滨，在西藏待了整整十年半。在这期间，学校也派了工宣队代表和教师去拉萨，想要把我们调回来。原来不是讲两到三年轮换吗？现在拖了十年半，还不让人回来。但是在西藏，设计院的舆论是，你们是小老弟，我们都十多年了，我们没有轮换，你们怎么能轮换呢。所以就一直回不来。最后主要是胡耀邦去了西藏，华国锋也去了，这些领导人代表中央做了轮换的指示。在他们的支持和指示下，西藏的干部才开始采取轮换制度，两三年一换，在这个前提下，我们才解决了回来的问题。

5

筚路蓝缕，以启山林
——建筑教育教学改革和学生培养

以『爱』之名，
回归哈建工

1975年我们回到了内地。回来时，有不少人不想再回原单位了，那时候全国都缺技术干部，有人去了深圳，有人去了北京。我考虑了很久，觉得对哈建工还是有点感情，对教书还是比较热爱，就留在了哈建工。

当时讲课也不成体系。大家一开始都不敢讲课，怕挨批判，什么都是有反动的风险，后来教师逐步才能讲课，但在课程安排上还是需要改革。我是觉得那些旧的教学有点太陈旧了，后来我就自编"公共建筑设计原理"，还有"结构选型"、"体育建筑"。一些课程是我自己主动提出来开设，教材也是自己写的，也还继承了下去。我讲"结构选型"的时候，也有老师跟我说，这样有风险，学生会批判你。我却没有什么害怕的感觉，可能也是因为原先哈建工学生批判老师的那个阶段我不在，也就这么讲了。还好还算顺当，学生总体还是欢迎，没有批判说这是牛鬼蛇神、封资修的东西。也许是我回来之后气氛变了，在那之前，老师是不大敢讲课的。

1970年代末我们在南京开教材改革会议，大家第一次谈到教学改革。大家想要恢复教学，思想也得到了初步解放。但还不是全解放，大家都是有所警觉，比较谨小慎微的状态。那次会议有的学校能够参加，有的学校还参加不了。像清华那时候就是派不出人来。在会议中我们谈到教材建设，我就谈了我的看法。我觉得设计原理的教材需要重新建设，不能全部靠苏联谢尔克的那本书，应该增加其他内容，结构知识也应该增加。所以我们提出应该写新的教材，当时也进行了分工，把体育建筑分给我们，要我们组织，以我们为主，其他学校像南京工学院、清华大学、同济大学也参加。可是当时中国建筑工业出版社已经约稿北京市建筑设计院写了本体育建筑方面的书，他们觉得选题有重复，就不想落实这个。我当时就表示北京市院的那本书不能作为教材，有些基础问题也没有说清楚，做教材不合适。但是出版社原先好些年不出书，这一下要出几本，他们就不太想重复再出一本。结果后来这本书没有落实，不了了之了。

02

『摸着石头过河』的研究生培养

经历特殊的首批研究生

回到哈建工没多久，我就开始带研究生。哈工大是全国建筑系里第一批可以带研究生的，那时候只有几个学校获得了批准。我是1978年开始招研究生，那年学校里一共招了七八个人，大多是以前60级的学生，他们出去工作了几年又考了回来。建筑60级的经历比较特殊，他们学了8年。本来哈工大就是6年制，又赶上"文化大革命"拖了2年，所以他们到了1968年才毕业。当时他们大部分是被分到西北去工作，那边条件比较艰苦，后来研究生招生，他们抓住机会考了回来。

带研究生和带本科生还是有很大不同。带本科生就是根据课

1981年哈建工首届硕士
研究生与导师的合影
（前排左三为作者，
后排左一为丁先昕）

题做做设计、讲讲课，基本上没有个别接触。带研究生要给选课题、安排调查研究，要写论文，内容比较多，并且研究性质会比较强。

过去我们也没有做过研究生的培养工作，这届研究生是我们带的第一届研究生，所以相关工作也是摸着石头过河，尝试着来。遇着什么事情，我们也是共同研究商量得多些，我对他们的感情也会特别不同一些。这几个学生来读研究生的时候都结了婚，有家有孩子了，不带家属的很少，有个学生还有两个孩子。他们的夫人有时候也会过来。那时候生活也挺困难，他们还能坚持读研实属不易。

他们毕业后有的到了设计单位，有的到了建筑学院教书。像我的学生丁先昕，他在学校很受欢迎，曾经在1984年的全国中小型体育馆设计竞赛中获了第一名。他毕业以后被分配到湖北武汉城建学院。我有好几个同学当年被分配到那里去做教师，其中有一个姓黄的同学，开始被分配到那儿，后来又被调到上海建材学院当院长。丁先昕去的时候，城建学院校舍基本还是新的。后来有个学者交流的机会，他就去给武汉科技大学兼课，然后就被武汉科技大学调了过去，之后又去美国学习，也把夫人和小孩都带去了，他也就不愿意再回来。他在美国谋求业务发展。这些学生中，还有一个到了山东建工学院当教师，还有两个在黑龙江省设计院，也有到北京去《建筑学报》当编辑的。他们毕业之后我们也只是偶尔联系。有一年他们班在哈尔滨聚会，丁先昕也回来过，那时候年龄也大了。他们来读书的时候是1978年，到现在也都快进入退休年龄了。

招完第一届研究生，过了好几年才再次招研究生，因为那时候普遍没人考。当时大学生包分配，工作好找。本科生对研究生的概念也不太认同，也不太愿意学习，不愿意来考研。

后来到了1980年代以后研究生就慢慢多起来，生源也比较稳定。我们指导研究生的特点是理论联系实践，带学生出去调研，让他们参与实际项目，从实践中发现问题，找到研究课题。我招收的这些学生中，一开始大部分是考进来的，后来就是保送的比较多，都是比较优秀的学生来面试，通过了就推送来读研究生。像罗鹏他们基本都是这样。罗鹏是个喜欢钻研的人，提升得也就比较快，评副教授、评研究生导师比较早一点。陆诗亮和罗鹏是同一时期的学生，他把时间放在设计上多一些，放在科研上比较少一些，当时想往结构技术、建筑技术上靠，后来在设计院的城市建筑研究院工作。

1989年同研究生在松花江
岸野餐
（汪沂、王奎仁、梅季魁、
孙一民、李玲玲、王之光）

1997年研究生毕业聚餐
（孙伟提供）

哈尔滨建筑大学

第三章提纲有调整，力求条理化，分清层次。下述提
纲供参考。

第三章：　客货能新模式探讨

第一节：功能结构模式
1. 以保车站为基础的改进型 P4
2. 增加综合服务功能和引入现代化管理手段 P5-8
3. 排除非销售功能（沿房、广场）P63 P66

第二节：房间组成新模式
1. 适度扩大沿房规模 P3-5
2. 增设服务空间 P49 P63.64
3. 广场分担部分交通功能

第三节：沿房和广场综合新模式
1. 沿房的几种可能综合新模式
2. 广场：排除城市交通平抑 加强内外交通组织
3. 哈站广站的模式改造 补充P28-30

第四节：沿房广场综合新模式
1. 排除城市交通平抑 加强广场内外交通组织
2. 立体化模式的探索

（增设辅助广场 分离城市干道）

（地上空间立体化 地下空间的深化）

硕士论文的修改意见手稿（孙伟提供）

筚路蓝缕，以启山林

075

意义重大的博士点申请

后来对体育建筑的研究逐步深入,我们也申请到了博士点。

当年评到博士点确实是对哈建工很有意义。当时申请的时候是1985年,属于建设部领导的学校就两所在申请——哈建工和重庆建工学院。那时候评博士点过程很复杂。先是每个单位申请,然后在全国比较拔尖的同行中评一次,评完之后,还要到国务院学位委员会讨论通过,所以那时候博士点不是随便自己就能设立的。我们评上之后,当时全国建筑设计专业有博士点的学校只有5所,就清华大学、天津大学、南京工学院、同济大学和哈尔滨建筑工程学院。评完这次之后十年都没有再评,到了1996年、1997年才又开始评。后来有的学校有了研究生院,就可以自己增设博士点;评审没那么多手续,比较容易些,博士点就增多了。当年要评博士点还是比较困难。所以我们那次能够评上博士点影响比较大,对我们建筑系的发展也起到促进作用。

那个时候的评选过程比较乱,没有一个明确的标准和条件,主要是看到底有多少科研成果、学术成果,但是文章什么水平就难说了。我们也曾受到本位主义的干扰,险遭滑铁卢。在建设部评的时候,我们虽然评上了,但是很危险,差一点票就要被否了。等到了国务院这最后投票一关,在全国专家组织的评审委员会那里是得了满票。所以我们得到了公正对待,评上5~6个博士点,包括给排水、暖通、结构、设备和建筑。但是那个时候带研究生还不太多，一方面是生源不稳定；另一方面教师也需要总结经验，适当休息，所以没有每年都招。

当时全国对于建筑学博士的课题该怎么弄都不大有经验。我们在昆明开建筑学术委员会的时候，天津大学的一个老师提出来，是不是交流一下带博士的经验，当时清华大学的李道增和关肇邺，天津大学的彭一刚，还有一些教授都在，李道增他们就说研究生还没招上来，都还没有经验，谈不起来，就没有谈。所以这个交流就基本上没做。再后来建筑系又建立了博士后流动站，我们名义上有，但是没招，因为博士后进站就需要做课题，我们对博士后的课题该怎么弄还是有点没把握，所以就还是先放放。

带博士生和带硕士生也有比较大的区别。应该说博士生更侧重研究课题，做课题更加深入，要真正抓到问题，要有自己独立的见解。博士论文必须要做到这一点。研究要找到主要矛盾，一方面要结合中国的实际，一方面要有学术上的价值，不能随便找一个题就做。后来我在教学中，还是用体育建筑作为主要的研究

20世纪80年代的哈建工部分博士生导师
（左起：梅季魁、郭俊、王宝贞、沈世钊、王光远、钟善桐、刘季、关柯）

筚路蓝缕，以启山林

课题。体育建筑使用要求发展变化快、矛盾大、问题多、挑战性强，有利于调动学生的主观能动性，去独立思考，探索解决良策，有利于培养创新意识和思维；体育场馆功能、技术、艺术问题多而相互制约，须综合权衡，优化设计方案，有利于创新能力的培养。因此，我们将体育建筑设计作为一种育人的途径和平台，是手段而非目的。我们是国内开展体育建筑设计教学与研究较早的高校之一，并且一直保持在体育建筑研究和生产实践的前沿，培养了一批优秀的体育建筑设计人才。从我的创作经历和教学经历来看，硕士生和博士生的培养计划都是研究和实践的结合。我也是把我们研究的成果放在教学当中，让学生们在这些方面也有所长进。在教学和实践中，我们重视创造性思维和创新思维的培养；重视调研，了解国情；积极参与设计竞标，锻炼学生才干。同时，研究课题和研究生论文选题强调前沿性、前瞻性和实用性。我们的教学在这方面有自己的特点，主要还是要突出我们自己的特点。孙一民是我的第一届体育建筑博士生。当时是他自己选择的搞体育建筑，也没有特殊考虑。在我印象中，他还是比较努力的。那时候做方案、调研，也挺辛苦。我们一起跑了很多地方，华南理工大学我们也去过，去拜访陈开庆还有其他一些老先生。后来我们也到了珠海的设计分院，在那里还住过。还有一些别的学校已经是教师了的也要来读博士，姚亚雄就是同济大学来的。姚亚雄本身中学是在哈尔滨读的，父母是南方人，后来回南方去了。他本科在同济大学读的结构专业，后来在同济大学留下做教师，又读了结构专业的硕士研究生，评了副教授，但是他对建筑设计有浓厚兴趣，想搞建筑。当时同济大学的建筑系主任卢济威教授就介绍他考过来，到我这里来读博士生，后来他的博士培养算是我和蔡镇钰总建筑师联合培养，他的学习比较突出。

后来还招了些在职的博士研究生，研究课题需要结合他们自己的工作，那我就比较费事了。因为他们的研究范围很广，有的研究应急医疗机构，有的研究城市增值理论。像王正刚是大连市规划与国土资源局局长，后来又做了辽宁省建设厅厅长，他研究的就是大连的城市规划模式，他的题目就和大连城市规划实施策略相关。还有周畅的课题是中国参加WTO对建筑行业的影响，

2000年姚亚雄博士答辩

姚亚雄论文修改意见手稿（姚亚雄提供）

筚路蓝缕，以启山林

张姗姗的课题是医疗建筑。这些课题我以前没接触过，都是需要去熟悉、去适应，找出它们的逻辑性和合理性。所以说，后来带的这些在职博士生，是我要适应他们的课题，而不是要改变他们的课题。那么多业务，多少要学一学，我也就借机会学一点。但更主要的是考虑在他们的领域中能不能找到主要矛盾，能不能找到课题，课题有没有价值，研究方法是否科学，有没有一个紧密的逻辑性。

2008年，最后一位博士生张姗姗毕业答辩

这些学生很多都发展得不错。后来有些人提升教授或教授级高级工程师，有些人被评为博士生导师，有些人任建筑学院院长或建筑系主任，还有些是中央部委和省市司局长，都在各自的领域里边有所建树。对我来说，带这些研究生也是一个锻炼和提高的过程，我们是共同进步。

建筑界专家的支持

哈工大对研究生的培养很下功夫。硕士研究生和博士研究生答辩的时候，都会邀请国内的知名人士、相关领域的专家来一起担任答辩评委。这样对考察我们研究生的水平大有好处，可以客观地检查我们的学生到底到了什么水平，而不是在家里头自己弄；同时也可以扩大学校的影响，提高教学水平。王奎仁答辩的时候我们就请了上海的魏敦山。我跟魏总算是相识多年，魏总也是研究体育建筑比较早的专家。20世纪50年代我国的建筑学术刊物只有《建筑学报》，我在1959年的时候在上面发表了"大型体育馆的形式、采光及视觉质量"，魏总在上面发表了"万人体育馆建筑方案设计"。所以我们也算是同一时期的青年建筑师，都是满怀抱负，想要为我国的体育建筑事业发展出一份力。第一次跟魏总接触是20世纪70年代我们代表学校到各单位走访，当时魏总设计了上海体育馆（1.8万个座席，当地民众俗称"万体馆"），我们就去拜访过他，这就算正式有了交往。后来，1984年我们一起参加了国家体委组织的奥运设施8人考察团，在考察过程中交流比较多。魏总人很好，很谦虚、客气。我们博士答辩请他来当专家，他虽然也挺为难，但还是碍于情面来了。现在看来是克服了很多的困难过来的，但是他表现得非常支持。当时我们想得太简单了，没考虑到天气因素。那时候到哈尔滨是冬天，吃住都不方便。天太冷了，他在上海过来穿的衣服都不多，为来哈尔滨特意买了羽绒服。

北京市建筑设计院的马国馨请得也比较多。我跟他年龄差距比较大一些，他和当时建设部部长叶如棠和后来的副部长宋春华是同班同学。他看过我们1959年的那篇文章，当时他们那批人刚接触体育建筑，他认为我们那篇文章比较重要，对他们有一些启发。1984年4月在河北承德的中国建筑学会体育建筑分会的成立会上，他有发言，向大家介绍北京北郊体育中心的初步设想，我们也有一些讨论。接触得比较多的还是后来为了亚运会筹备进行的国外考察。然后亚运会工程也开始了，这样就有了来往。后来在体育建筑分会的各项学术活动和现代中国建筑创作小组的学术活动中，我们也经常见面。还有一些设计竞赛的评审，我们也经常会同时被邀请，有些什么也经常交流，我每次到北京都会到他们设计院去看一看。他是个头脑很灵光的人。我的几本书都是他给写的序。我们《城市建筑》杂志社有一次出体育建筑专刊，还向他邀过稿，他也挺客气，洋洋洒洒写了很多。我们研究生论文经常请他来评审，孙一民、姚亚雄、陆诗亮、罗鹏等人的论文也都请他看过。其他国内名流包括刘振秀、吴观张、刘开济、卢济威、鲍家声等都请来当过答辩专家。总的来说，我们研究生的培养还是得到了国内建筑界的支持，感谢这些专家教授的付出。

03

创新基石——全国体育建筑调研

最初的调研团队

我们教学生产需要从实际中找寻问题，就组织一个调查研究小组，到全国去调研。最初主要是三个人——我、郭恩章和张耀曾，我们这几个人的合作相对来说多一些，后来在苏州的会议上写那4篇文章都是一起写的。当时算是找几个志同道合的同事，也有点时间，就跑出去调研。

我们调研小组的老师们后来也有的转变了研究方向。当时建设部要培养城市设计方面的人才，要派人出去。郭恩章老师就去了美国麻省理工学院学城市设计，回来以后就开设了城市设计的课，也就转向搞城市设计这一块的教学，然后也发展下去了，对

筚路蓝缕，以启山林

083

哈工大还是挺有作用的。他们出去还是张钦楠帮忙进行的联系，还帮助换了外汇。张钦楠当时是建设部设计司的司长，他也是麻省理工学院毕业，是个很有才华的人。那次一共派出去了4个人，学习以后回来了3个，还算没有流失。有一个从清华大学过来在我们学校工作的，后来就留在美国谋求发展。另外两个老师年轻一些，回来都发挥了作用。这样城市设计在哈工大算是坚持了下来，有开课，也有研究室，慢慢在国内也有了一定影响。张耀曾是清华大学毕业的研究生，后来因为"文化大革命"期间，在学校里参加了派系斗争，到了"文化大革命"后期他就离开了。当时哈工大建工学院支援西北建工学院，他就去了西北建工学院，到那之后不久，他又转到了西安交大。

当时组成的团队，除了这两个人，还有一个叫王庆昌的也参与过我们的调研，他是77班的，后来他没有坚持下去，去做党组织书记就转向行政了。那时候我们已经带研究生了，出去调研也会带着研究生出去。当时经费有限，每次只能带两三个研究生，多了不行。

积跬步，至千里——漫漫全国调研路

1978～1983年间，我们共进行了7次全国性的调研，遍及了北京、天津、上海、黑龙江、吉林、辽宁、河北、山东、河南、江苏、浙江、福建、湖南、湖北、广东、广西、贵州、云南、四川等近20个省市，深入了解各类体育场馆的使用状态及问题，帮助我们明确设计研究方向，制订现实研究课题。

其中有次调研我们跑了整整一个月，过程也比较艰苦。我们晚上坐火车，白天调研，从北京、河南到武汉，接着又到了长沙，从长沙到杭州，又到上海，再返回到南京。团队中张耀曾老师是无锡人，当时他家里有事，他到了武汉就回家了，没跟我们走下去。

我们到上海去的次数也比较多。上海体育场、原来的老体育馆等场馆我们基本都去过。那时候出差到外地找住的地方很困难，不像现在那么方便。出差到上海都是魏敦山他们帮忙安排住的地方。每次我们都是住上海市体委的招待所，就是体委在南京西路的那栋楼。去要资料、参观的时候，魏总也总是提供帮助。魏总对我们的工作积极支持。我们彼此有什么新的看法，都能做些交流。1984年奥运会那次考察，外地的就我们两个人，一路我们两个人合作得也挺好。后来我们的研究生毕业，他也欢迎我们派到他那里去。后来姚亚雄、庄楚龙、刘欣都去了他那儿。这么多年，我们彼此支持，配合比较密切。

像带孙一民、李玲玲、王之光他们那届出去调研的时候，跑的地方就比较多，去了北京、郑州、开封、武汉、沙市等地方。武汉我们去过几次，没少跑，每次去武汉都会到湖北设计院看看。他们有个院长是我们57届的校友，叫朱振辉，后来在深圳做深圳市规划局局长，就留在深圳了。深圳最早的那个国贸大厦就是他组织设计的。当时沙市市长找我们去设计体育馆。他们本身已经有一个老的体育馆了，还想修一个新的。我们从武汉去到那里，他们开了个拉达轿车来接，还安排我们住在动物园旁边的招待所，晚上老虎叫得挺瘆人，让我印象比较深。市长好像是苏州人，学机械专业出身，他还要我们看看他们的市容建设。我们一

武汉大学考察——李玲玲、王之光、孙一民、梅季魁

河南开封考察

看，他为了美化市容把那些大树都砍掉了，都是些很高大法国梧桐，砍了不少，我们觉得还是挺可惜。我们也看了沙市的老体育馆。这个体育馆是中南工业建筑设计院李舜华设计的，屋顶中部有自然采光，做得还不错。去沙市的时候，我们把方案和做的模型都送了过去。后来我和我们结构专业的沈世钊老师还单独去送过一次，在那住了几天。沈世钊老师现在是院士，当年我们也一起合作过一些项目。后来沙市体育馆的设计任务就不了了之了，也没说是什么原因，可能是没有钱了，就没再找我们，好像也没

往事琐谈

有做下去。过了好些年以后，他们才又重新做了个设计。

沙市之后，我们接着坐船到了重庆，接着是成都，然后又转向广州、深圳，这么转的。反正那时候学校还是能给点钱，我们尽可能多跑几处。那时候因为坐火车时间太久了，从成都到广州坐了飞机，其他同学们都很羡慕。

我们基本上都是白天调研，晚上坐火车，比较辛苦。调研资金也很紧张，没有什么钱，靠学校给点补助费，没有其他条件。当地也没有什么招待。那时候到南方还觉得比较有新鲜感。有次我们到了珠海，在珠海渔女雕像那里，看着香蕉比较便宜，大家又没有什么钱，就把伙食费省下来买香蕉代替一顿饭。现在想想，也是苦中作乐，还挺有意思。

那时候我们基本上把国内调研得差不多了。除了几个重点省市，我们还对湖南和江苏调研比较深入。湖南长沙、湘潭我们都去过；郴州不是调研对象，但也去过，国家女排训练基地在那里，后来他们也修了体育场。湖南给我们的印象是公路修得比较好，场馆也比较多。湖南的各个地市级城市都有体育馆，虽然规模不太大，在当时还算不错。江苏也比较重视场馆建设，像镇江、无锡、苏州、扬州都有场馆，这些中小型场馆条件也比较好。

当时调研中发现的主要问题还是场馆的利用率不高，功能太单一，效益不好。主要体现在设计都是用篮球场作为主要场地，体育馆不应该这样，要场地大才有可能做多种活动。当时国内和国外比，显然设计理念上差距很大，技术也比较落后，建筑造型方面也比较陈旧。当时体育场馆项目都很少，用途都不大。那时连北京也只有几个老体育馆。有个比较新一点的乒乓球馆（指北京工人体育馆——本书责任编辑注），圆形平面，悬索屋盖。后来要修建首都体育馆，国家就派人去苏联莫斯科学了一些东西。首都体育馆的设计者去苏联前，路过哈尔滨还到哈工大来过，跟我们交换了意见。但是这个馆建成后，还是稍显笨重些。因为首都体育馆内部场地是个冰球场，整个场馆体积就比较大。它的活动地板做得笨重，大概2~3米宽，15米长，用起来换一次地板很困难。而国外一般都是1米宽，1~2米长，规格比较小，用叉车拆卸运送就都很方便。那个时候，我们的技术总的还是很落后，和欧美比落后，和苏联比也落后。也有一些比较好的场馆，当时广州的老体育馆，是几个比较新颖先进的场馆之一，它屋盖采用单层薄壳结构，中间设计了天然采光窗。后来上海体育馆也比较新颖，还有南宁体育馆做得还不错。南宁体育馆本来是要我们去协助修改，最后由广西壮族自治区的设计院做。南宁比较闷热，南宁体育馆的设计注重自然通风，看台座席底下都是有孔板，可以通风，和气候相适应，很有特点。

04

改革中进步的
建筑教育事业

当系主任期间的主要建树

我从1983年开始担任系主任，一直到1989年，担任了两届系主任。做系主任的时候我管理得还是比较严格，我也认为应该严格一点。因为哈工大就这样的作风，就是要严格一点，要精益求精。我一直也是在做生产设计，做生产设计也是要认真负责，要做好体育建筑也是这样。这也算我们一贯的风格。建筑系的事情很多，我做系主任期间，主要工作有两项，还算有点贡献：一个是教改，主要是把工业建筑设计大大减少，把民用建筑作为主要的训练方式，将教学的侧重方向扭转过来，真正把教学重点放在培养学生的能力上；另一个是学习环境的建设。

教学改革的一个方面，是将大家培养学生的观念转变过来，从传授知识的培养转变为对学生能力的培养。当时工业建筑占的学时太多了，我认为不是培养学生的最好办法。工业建筑的题太死，受工艺制约大，也受结构影响大。工业建筑的功能根本不是设计者能够斟酌的。所以当时我在系里倡议要研究一下民用建筑，把工业建筑的题改改。多层厂房、单层厂房的设计学生已经做了那么多，占的学时又多，效果又差，再继续用就不合适了。用民用建筑做设计，学生有自主性，通过调查研究，能够确定它的工艺。学生要知道社会需要什么，要从调查研究中总结出来使用需求。同时处理方案也会很多，不是简单地用结构来套。所以对学生设计能力的锻炼大有好处，不是以传授知识为主，而是着重培养学生的能力。而工业建筑设计实际上就是以传授知识为主，缺少能力培养。这个就牵扯到后来的教学改革，是以培养能力为主还是以灌输知识为主，我觉得应该要逐渐转变为以培养能力为主，所以用这个合适的设计题目，对师生都有好处。我的提议得到了多数老师的支持。当然一开始，有些老师还不太理解，后来也逐渐认识到了。最开始也有少数老师强烈反对，甚至还写文章来反对这件事，他们就认为工业建筑是苏联专家交代的一个很郑重的东西。当时听苏联专家的，以工业建筑为主，但苏联专家其实也不完全是强调工业建筑的设计。我们到同济大学去学习时，教我们的苏联专家也是以工业建筑专家的名义请来的，但教的并不完全是工业建筑的内容。当时没有工业建筑的这个名头不行，像北京的建筑工程部设计院叫工业建筑设计院；湖北的中南设计院当时也是叫工业建筑设计院；我在拉萨工作，还是在工业建筑勘察设计院。所有的设计院都冠一个"工业"的名称，都叫工业建筑设计院，好像冠一个"工业"就好一点。这完全是件走形式的事情。后来在多方的努力下，总算教改成功了。其实当时各校也都在研究这个改革的问题，我们算是改得早一些的。当时高校里边专门有体育馆建筑设计教学的不多，就我们在做。

教学改革的另一个方面，就是学习环境的建设，为师生们创造必要的物质条件。当时因为我们做科研、办班赚了点钱，就给讲师以上每人配了一台理光10相机。我还记得当时我们有40多个讲师，还没有副教授。另外还买了一些胶卷。那时比较便宜的柯尼卡彩色胶卷，我们一次就给老师们买了上千卷。这样让他们出去拍照，拍些东西回来，上课就不是空嘴说，而是有了形象的东西。要不然老师的幻灯片里什么材料都没得放怎么行。另外也是锻炼了大家的照相技术。这个我在开结构选型课的时候印象比较深刻。结构选型是我给学生开的课，当时题目是我自己想的，内容也是用我到处挑选材料编的。这里那里找了一点，没有条件和机会把它复制下来放幻灯，给学生讲的结构案例都是徒手画，上课的时候一边讲一边在黑板上画些图。所以那时我挺累，学生们也比较累，当时要是有相机就能好很多。我自己也比较喜欢照相，有了相机自己出去考察的时候能拍些建筑照片，回来可以放给学生们看。我认为出去考察就应该把这些东西带回来。1950年代我们系里头有一个德国的Robert自动卷卷的相机。1960年代有时候能从系里借个相机。1980年我去日本考察的时候系里面还只有一两台理光相机，到了1984年出去考察的时候系里相机就多些了，还有广角镜头。那时候拿相机出去都是从公家借，用完之后要还。我对照相也算有点兴趣，当时照相没人教，我就照着本照相知识的小书，自己摸索。后来带学生们出去调研，也会给带相机照相。那时会照点彩色幻灯片，也照点普通照片。当然不是所有的人都有成果。也有的老师不会用相机，或者被子女拿去用。我们有一位老教授到外国去，本想拍些照片回来，结果不会用相机快门，拍的东西都曝光过度，全都废掉了。那时候不少高校也都是给教师配备照相机。现在理光10不算什么，基本也都被淘汰了。当时理光10相机也不算贵，可是从个人开支方面拿不出那个钱，讲师的工资都不高。我个人也是很后来才有的相机。所以当时给教师们都配备相机，是一个我觉得还比较重要的举措。

另外，我们和学校争取建了一个建筑学专用的图书馆。我们把有关的中文、外文的图书、杂志集中起来，办了一个图书资料室。这个对教师、学生的学习都很有帮助。我知道当时在资料这方面，图书、杂志比较全的就是东南大学，其他学校的都不太多。无论是同济大学还是华南理工大学，当时的资料室都没有什么东西。我觉得专业资料室的建设还是很有必要。

此外，我也比较鼓励老师和学生多出国交流。我的很多学生后来都有出国留学的经历，那都是他们自己工作了之后，自己决定的，也主要是所在学校给予的条件。现在的学校，像哈工大，一般都规定要有国外的学习经历，要跟国外进行交流。哈工大的教师，至少要在国外待一年；哈工大的建筑学和英国的曼彻斯特学校有联系。我们的教师也参加国外教学，有不少教师在意大利或者其他国家参加联合教学。交流方面有国内派出去的，也有从国外进来的。我们对这件事很支持，欢迎校际、国际的交流。我当系主任的时候，我们派出去一些老师，大部分是到西德，还有的到美国。我们主动派了有两三届的老师到西德的汉诺威大学，每届在那学两三年。还曾在建设部的支持下派人到美国的麻省理工学院学习。我们和日本的高校也有一些联系，和早稻田大学建立了友好的学术关系。有次我们去访问，就是早稻田大学接待。日本的建筑系和哈工大的"三条腿"体系差不多，他们基本上也都是建筑和结构在一起。老师和学生出去交流是个好事，能多了解世界，多开阔眼界。

意外的肯定——"建筑教育特别奖"

2006年的时候，我获得了"建筑教育特别奖"。这个奖是由中国建筑学会组织，从2004年开始第一届评选，每两年评一次，这是第二届。获这个奖可能是我参加了当年国家建设部教育司组织的全国高等学校建筑教育评估组，基本上是每个学校去一个人，大部分就是全国建筑系统八大院校的系主任。我们学校把我派去，我就参加了，也开过多次会，主要是进行全国高校的建筑教育评估。我参评过的学校有清华大学、天津大学、东南大学、同济大学、华南理工大学、重庆建工学院、西安冶金建筑学院、湖南大学，也算是利用业余时间去的。当时我还在湖南大学的岳麓书院、华南理工大学、西安冶金建筑学院这几个学校做了学术报告。当时是评哪个学校，哪个学校的人员就不参加，评哈工大的时候我们就不参加。评估会针对建筑教育的教学计划大纲、教学条件、环境、教室、教学建设、图书资料、学生作业这些方面进行打分，也有个别的抽查一点课，旁听教师上课；然后要拿出个评语，学校的建筑教育优点、不足分别是什么，优点要发扬，不足要改进，这些都要表明意见；最后全国开会，给各校宣读。后来就通知了"建筑教育特别奖"，看名单差不多是这几个系主任，当年评估的那批人应该都有获奖，也算是对我这么多年教育生涯的一个肯定。

1994年5月重建工评估

第二届中国建筑学会建筑教育奖获奖名单（2006）

建筑教育奖	彭一刚	天津大学建筑学院
	秦佑国	清华大学建筑学院
	李德华	同济大学建筑学院
建筑教育特别奖	罗小未	同济大学建筑学院
	高亦兰	清华大学建筑学院
	蔡镇钰	上海现代建筑设计（集团）有限公司
	聂兰生	天津大学建筑学院
	刘先觉	东南大学建筑学院
	梅季魁	哈尔滨工业大学建筑学院
	张似赞	西安建筑科技大学建筑学院
	陈志华	清华大学建筑学院
	陈启高	重庆大学建筑学院

往事琐谈

从实践出发的学术研究

全国体育馆设计学术会与"体育馆多功能设计"的研究

1981年在苏州召开的第一次"全国体育馆设计学术会"是由我们挑头，协助建设部原设计处筹备的。那时候大家对体育场馆的使用情况关注度不够；对体育场馆的用途是怎样，场地该怎么选择都不太明确。体育场馆的一些设计问题，也需要大家研究讨论。为了这次学术会，我们到北京访问了北京市建筑设计院，到湖北访问了湖北工业设计院，到杭州访问了浙江省设计院，到上海访问了上海市设计院和华东院；我们还去了东北设计院。我们主动跑了很多地方，希望通过我们的努力，能发起大家共同讨论、关心学术问题。因为那个时候，大家关于研究的学术气氛虽然也有，但是缺少理性的理论准备。还好那次大家参与得都不错。像华东院的倪天曾，他当时是上海市管建筑的副市长，和我们的校友王义孝调查了上海的体育馆，把调查的情况和他们设计的修改意见都整理了出来，做了个很好的报告。当时北京市院也提交了论文，浙江省院也有，东北院也提了他们关于视觉质量问题的看法；重庆、成都那边的设计单位虽然没有发表论文，但是也拿了自己的作品来讨论。我们也发了4篇论文，分量比较重，起了一定的作用。会议期间我们在苏州市体委的体育馆里进行了热烈的讨论。那次学术气氛比较好，讨论的问题也基本是在我们提出的框架下，还是很成功的。会议成果也不错，引起了全国对体育建筑学术问题的研究。以前对体育建筑的设计着眼点就看形式，看看什么形式好就用什么形式，梅花形、圆形都直接就用。当时国外场馆的各种形状也比较多，大家看什么形状比较新颖就直接搬过来，没有理论根据。但是实际上形式和里面的功能是互相牵制的。比如说圆形的体育馆，在什么情况下用比较合适，大家就没有研究。像小型馆做成圆形就不一定合适，效果不好，场地和使用需求也会有矛盾。

这次会议一共收录了20来篇论文，其中我们发表的4篇论文包括我、郭恩章和张耀曾三人合写的"多功能体育馆观众厅场地选型""多功能体育馆观众厅平面空间布局""体育馆发展方向探讨"，以及我和张耀曾合写的"多功能体育馆观众厅的视觉质量"。我们深入研究了一些体育馆设计的基本技术性问题，并重点提出了体育馆多功能设计的理念。

像"多功能体育馆观众厅平面空间布局"一文是基于我们对14个省、市、自治区的30多个体育馆做的一些调查，并针对体育馆，特别是多功能体育馆的发展前景、使用功能、技术原理和建筑布局等问题作了初步探讨，就多功能设计问题谈些看法。当时从我们调研的中国体育馆30多年的使用情况来看，只依靠体育比赛，远远达不到物尽其用的目的。社会上的会堂、影（剧）院建筑目前还远不能满足需要，群众性的集会和文艺活动理所当然要找上门来。因此，体育馆设计应该考虑多功能的要求。国外早在20世纪30年代就出现了多功能体育馆。我国的北京、上海等地的场馆也在活动看台等方面做了一些有益的尝试，受到使用者的欢迎。在文章中，我们分析了多功能观众厅设计的一些基本课题，比如范围和分类、比赛和演出条件、观赏条件等，从而对多功能大厅的比赛场地、舞台、座席的平面布局方式进行了探讨。

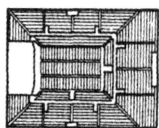

1. 大庆体育馆

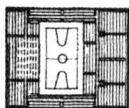

2. 辽阳化工总厂体育馆

3. 日本静冈县体育馆

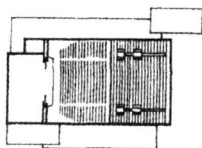

4. 保加利亚索非亚大学生体育馆

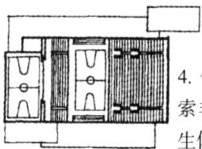

5. 保加利亚凡尔纳体育文化馆

6. 巴西包鲁体育馆

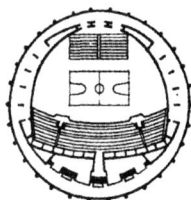

论文中的多功能体育馆案例平面图

当时提"多功能"是个很新的课题。提出来社会上的看法和压力也比较大，当时对于场馆的多功能运用在社会上还有很多保守的意见。当时体育界压力也挺大。这个场馆要做多功能用途，有人反对，宁肯放那不用。但是我们一直主张体育馆应该要有多功能，不然体育馆发挥不了它的作用，花不少钱，结果利用率还很低，也不讲究经济效益，放在那空空荡荡。当时上海的卢湾区体育馆，搞了些活动，产生了些经济效益，就有《光明日报》的一位记者来反对：他发表了一篇文章——"体育馆姓'体'不姓'钱'"，给卢湾体育馆扣的帽子还不小。在调研过程中，我到卢湾体育馆去过几次。上海有一点好，各场馆的使用都有记录。我们跑去上海，去了解和掌握卢湾体育馆的情况，根据场馆记录，知道它的利用率还挺好。一馆多用，开源节流，自负盈亏，这是我们所支持的。但是那时还没有别人提出这样的问题，我们提这个比较创新，也算是对中国体育建筑的发展进行了有益的尝试和引导。

　　体育馆多功能设计的研究，直到今天仍然是个值得探讨的问题，并且可以扩展到其他类型的体育设施。中国的体育场馆直到今天仍然面临着使用时间少、闲置时间多、无形浪费严重的问题。造成这种情况的原因很多，其社会原因在于比赛总是相当少，文艺演出、集会等也并不常有；而主观原因则在于设计总是按几个主要功能考虑，使用范围有限，而使用则是多种多样、要求无限。这个有限与无限的矛盾实质就是静态设计与动态使用的矛盾，国内外都在不断尝试解决这个矛盾，比如多功能设计虽然只是缓解矛盾而达不到化解矛盾的高度，但仍然是目前较为有效的办法。以此观点衡量北京奥运会场馆设计，它在缓解这一矛盾方面有进步和贡献，但在场地选型、座席布局和辅房利用等几个基本方面仍有不少问题有待研究和解决。

这次学术会议奠定了哈建工在这一领域的领军地位。现在再回过头看看，当时提出场馆的多功能设计还是具有先进性的，这么多年过去了，随着研究的深入和时代的进步，我们发现，对于场馆的多功能设计仍然还有许多值得探讨的地方，有待我们继续深入研究，所以说，这是一个常谈常新的重要课题。从这个角度看，就更能够理解当年提出这个研究方向的可贵意义。后来有关体育馆的多功能运用理论是和我们的设计结合起来的一个发展深入的过程。包括我们参加黑龙江的一些设计项目，所有的场馆设计必须要考虑多功能，首先考虑的是场地，场地要大一点，要用活动看台来提高场馆的灵活性。当时活动看台国内基本上没有，后来看到国外有专业生产活动看台的厂家。期间我们到国外考察，发现那些场馆基本都是多功能的，没有很简单的小场馆。那些比赛馆里面，文艺演出、集会、比赛都可以，冰球、篮球、排球场地也都有，这种多功能场馆在美国尤其多，日本也有一些，但是进展程度差一点。

中国建筑学会体育建筑分会和全国中小型体育馆设计竞赛

1984年中国建筑学会体育建筑分会在河北承德成立，挂靠在国家体委计划司。刚成立的时候，体育建筑专业委员会里边的成员并不多，最早主要就是我们和北京市院。后来天津市院参加了，重庆的也参加了，湖北是李舜华来了，上海参加的还比较少。那届委员会委员除了我，还有刘开济、张钦楠、张昌龄、周治良、葛如亮、魏敦山、郭明卓、黎佗芬、董石麟等人，体委计划司也来了人。那次在承德开会，宣读论文的同时还进行了中小型体育馆设计竞赛的方案评选，两件事情同时进行。竞赛的评委也基本都是专业委员会的这些人。此外，我们还参加了承德体育馆的投标。

中小型体育馆设计竞赛收到的投稿很多，影响比较大。投稿的不仅有中青年建筑师、工程师，而且还有老建筑师和建筑系青年学生，说明当时体育建筑受到越来越多人的关注。最为重要的是，从后来收到的稿件来看，这批设计方案创新精神较强，形式丰富多彩，突破了方盒子的老框框，并对一些重大课题作了不少有益的探索。

比如说，在这次竞赛中，有些方案就对场馆的多功能问题作了探讨。多功能问题在国内正式提出不过三五年时间，人们尚有一些不同看法，还并不是所有人都能接受。在这次竞赛中，有些方案在对比赛场地的大小和观众座席的不对称布局形式进行了有益的尝试。比赛场地的大小是决定体育馆用途的关键，有些方案比竞赛要求前进了一步，以多项使用为依据综合权衡，探索最佳方案，这是个十分可喜的进步。在观众座席的布置方式上，一般场馆内活动若是以球类比赛为主，观众座席的布局以对称布置为好，如兼顾文艺演出等功能则以不对称为有利，可以提高座席利用率。有不少方案在座席的布局上作了许多分析比较，甚至有方案尝试看台可以兼做舞台和隔断，使比赛厅和练习馆的空间可以相互借用，这种探索精神很可贵。

　　另外，结构选型也是体育馆设计的重要研究课题，对体育馆

南中52号方案场地比较

综合场地 32.44米	手球场地 25.44米	篮球场地 24.36米	
			手球
			网球
			篮球
			排球
			乒乓球
			羽毛球

南小18号方案多功能示意

篮球体操

排球乒乓球

文艺演出

电影会议

训练

竞赛中的对于场馆多功能问题的有益尝试

的造型具有举足轻重的作用。大部分设计方案大胆采用各种先进
的结构形式，除网架外，有拱、刚架、立体析架、悬索、网壳、
薄壳、折板等，打破了近年来空间网架一统天下的局面，也为创
造新颖的建筑形象提供了有力的手段。在这次竞赛中，悬索结构
在竞赛方案中占的比重较大，仅以二、三等奖为例，有一半方案
采用了不同的悬索屋盖。这也反映了当时设计的一些趋势，这种

趋势的出现绝非偶然，而是由于悬索结构有较多的优点所致，如节省钢材，施工方便，能为建筑师提供较大的创作余地等。同时许多竞赛方案并不局限于基本结构形式的选择，还积极地应用不同的组合手法加工改造基本结构形式。如两片、三片、四片索网的组合，拱与索、拱与折板、索梁与索网的组合，等等。这样大踏步的探索，在以前比较少见。

这次竞赛的大部分方案浸透着强烈的创新意识，不满足于四平八稳，力求别开生面。比赛厅平面形状丰富多彩，出现了菱形、三角形、十字形、多角形、椭圆形、卵形等新颖的平面形状，这样的方案在二、三等奖中超过半数。同时，矩形平面也有不对称的平面空间变化。建筑形象的处理克服了前些年流行的大台阶、大玻璃窗、大挑檐的千篇一律的局面，体形起伏多变。此外，还有不少方案出现了第五立面，扩大了屋盖结构的造型作用，丰富了造型手段。多数方案的建筑造型比较注意反映体育馆的大空间特点和结构形式的特征，取得了较好的艺术效果。有不少设计方案的造型强调挺拔、粗犷、轻巧、明快，力求反映体育建筑的性格，体现健与美，赋予建筑物以鲜明的个性。有些设计方案还注意了反映地方特色。

但是竞赛优秀作品不仅仅要考虑创新精神，还要综合能力足够才行。使用功能、结构技术、建筑造型三者的协调统一，对于体育馆建筑具有更重要的意义。某一要素的突破必然导致其余两个要素的相应变化，这就要求综合权衡，妥善处理，否则就会顾此失彼，出现比较大的漏洞，甚至使方案不能成立。这批竞赛方案有的处理比较完美，因三方面兼顾而入选；有的则顾此失彼，缺点比较突

南中40号方案

南中21号方案

南小18号方案

竞赛中的部分优秀方案的创新造型

出，只能获得较低的奖励等级甚至落选。尽管评选时对中型馆强调可以求新不求全，侧重于创新，但一经综合权衡，有相当数量的方案暴露出的缺点和矛盾仍然是不容忽视的。这次的竞赛方案普遍重视了空间形体的推敲，强调空间的变化，追求结构空间和使用空间的一致，这与国内已建各馆相比是一个显著的进步。

这次竞赛中，哈建工得奖比较多，我的研究生丁先昕做了两个方案，分别获得了二、三等奖。那时候没有评一等奖，二等奖只有两个，他的方案得了一个。其实他的两个方案都是评的二等奖，后来发现是一个人做的，就给了一个二等奖，一个三等奖。我们78届的那些学生做的方案得奖比较多，那时我们得到的奖占了约2/3。我们拿了石景山体育馆和朝阳体育馆的模型去展示，也受到欢迎，评了一等奖。所以那时哈建工在这个竞赛中的表现在全国影响比较大。承德体育馆的投标也是同时进行的，我们也投了，但是没怎么投入，最后我们的方案得了一等奖和二等奖，但没中标，最后中标的是清华大学的方案。我还记得那个没中标的一等奖的设计者叫刘晓东，是我们80届的校友，是现在北京市院的一个副总。因为我们在这次全国中小型体育馆竞赛中获奖较多，清华大学得到了承德体育馆的设计权，所以有位清华大学的博士生说，这次的设计竞赛是我们哈建工的胜利，承德体育馆是他们清华大学的胜利。那次全国中小型体育馆设计竞赛，也印证了当年哈建工在体育建筑研究设计领域的领先地位。

中国建筑学会体育建筑分会与中国土木工程学会空间结构委员会

与体育建筑相关的学术机构，除了中国体育科学学会暨中国建筑学会体育建筑分会，就是中国土木工程学会空间结构委员会了。这两个协会交叉得也比较多。空间结构委员会是后来成立的，第一次会议在柳州举办，他们的一些老专家、老院长，像何广乾等人都在那里。当时我也去参加了这次会议。我们拿着吉林冰球馆的方案去了，希望能够跟这些老专家见见面，听听意见。我们在会上还发表了"结构形式多样化"这篇论文。当时想要写这个，主要就是因为结构对建筑设计束缚比较大，特别是新结构。另外体育建筑跨度大，用空间结构比较经济合算，造型也比较新颖，可是建筑师在这方面大多有困难，有时候没有掌握这方面的知识。所以我们就根据国外的一些实例进行分析，总结手法。因为结构就这么几种形式，要把结构形式多样化，就可以变出很多种形式，这是建筑师要研究的重点。这个也跟我的讲课有关系，哈工大的结构选型课是我直接开展出来的，逐渐我就把它写成了文章，后来就在那次会议上发表出来。我和空间结构分会后来联系也比较多。他们有会议都会邀请我去参加，我也经常去。空间结构专业委员会的董石麟教授、蓝天教授、刘希良教授我也都比较熟，我们在学术会议上交流得比较多。像董石麟院士原来在建筑科学研究院工作过，亚运会的时候他参加的工程比较多，体育建筑分会委员会他也一直参加，所以我们接触得比较多。

这两个学术机构相比较，体育建筑分会委员会对会议的组织有不足的地方，和空间结构委员会比有差距。空间结构委员会基本上和体育建筑结合得比较密切，每个阶段的研究方向、课题比较明确；中国土木工程学会比较重视这一块，组织者也抓得比较紧，所以空间结构委员会这部分工作就做得比较好，每两年一届的会议，都有中心议题，各单位去准备，到时候拿论文来宣读、讨论。而体育建筑分会的组织就比较松散一点，这些会基本都是两年一次，有的还是四年一次，我们没有抓紧每一届会议提早提出一个中心议题，让大家有时间分别做准备，搞调查研究，提出看法，在会议上能够进行商讨，所以后来这一系列的会议学术性就差了点，有时候定了题目也没有贯彻。有次在华南理工开会，以体育建筑可持续发展为主题，可是当时大家讨论的内容没有和这个主题相结合。好多设计单位虽然有个报告，但是没有提到这一点。像广东省设计院和广州市设计院，他们做了大运会的设施，尤其应该考虑这个因素，但是都没有和这点联系上。所以体育建筑分会组织会议的缺点就是中心议题不明确，事先没有给人通知。中心议题要提前一两年就告诉大家，以便做一定的准备，到时候都有自己的看法，有成果了可以拿出来交流。这方面我是认为体育建筑分会做得有点不足。有一年在汕尾开学术委员会，我就提出我们体育建筑分会应该在一定的时节，提出一个中心议题，让大家做准备，再来宣读讨论。这个当然也和体育建筑分会的带头人有关系，他们本身就不做这方面的工作，当然很难带动大家的积极性。如果能够带动高校和设计单位，大家分头做调查研究，应该能拿出很多有较高质量的论文。

空间结构的学术会议，我多数是参加的，他们也欢迎我参加。早些年他们在九寨沟的学术会议也请我去，天津的也是。天津的那次学术会是刘锡良教授他们召集的。刘锡良是结构方面的教授，他总是请我去。空间结构委员会的成员和体育建筑联系比较密切，他们中有几个人，像董石麟、蓝天等人都是体育建筑专业委员会委员，他们也都参加体育建筑的会议，也想从体育建筑领域找到研究课题。2015年在西安召开的国际空间结构学术会，咱们国内的空间结构学术会的主任委员张毅刚教授就邀请我去参加。张毅刚也是哈工大校友，他们挺客气，说要给我买机票，一切费用给我出。但是会议在西安，我现在腿脚不太利落，就没去，我和姚亚雄准备了一篇文章，请姚亚雄去宣读的。这种国际结构会议他经常参加，我们合写了文章，他给译成英文，在会上宣读。后来听说，这篇文章反响还不错，受到欢迎。最后会议的文章都收录在了论文集里。

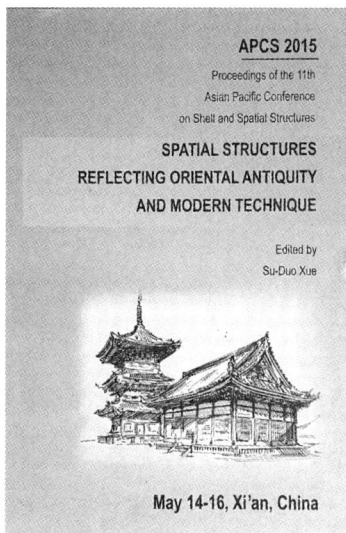

2015西安国际空间学术会邀请函　　　　2015西安国际空间学术会论文集

筚路蓝缕，以启山林

06

读万卷书，行万
里路——国外的
调研访问经历

1980年的日本建筑教育交流

1980年的时候，我参加了早稻田大学邀请的日本建筑教育交流团。那次学校组织了七八个人，建筑系去了两个——我和常怀生老师。结构系和管理系各派去了一位系主任，施工系去了一位，还去了一位党委书记、一位副校长和一位建设部的处长。那次交流去了接近半个月，考察了东京、横滨、筑波、京都、奈良、神户，看了东京郊区的一些建设情况，也一起看了一些体育场馆，像代代木的游泳馆、体育馆，以及驹泽的体育场、体育馆，我们都看了。这还是第一次对日本产生了解，对资本主义社会怎么生活的也是初步接触。

在日本的学校里，凡教授就可以招研究生，他们把每个教授
及所带的研究生合在一起叫研究会，也叫教授会，这是他们学校
的规定。早稻田大学有17个教授会，东京大学有24个。在早稻田
大学的时候，我们进行座谈，他们17个教授会的教授都参加了。
我问他们讲些什么课，他们说有结构课，有建筑课，也有设计
课。他们的设计大多是画图——表现图之类，还通过电视指导，
不是手把手教画图、指导改图。他们结构讲得很简单，还达不到
我们讲结构选型的深度。他们结构方面的知识都是做了研究生或
者是出去工作后再跟结构专家学习，所以基本功的训练没有涉及
那么多东西，后天的发展能力比较强。按照日程，先是早稻田大
学接待我们，然后是东京大学。但是东京大学和早稻田教育体系
是一样的，我就提议换一所，找一所和中国高校的教育体系能结
合的。后来他们给我们找了庆应大学。所以我们就没去东京大
学，把那日行程改到应庆大学去了。结果应庆大学好像是所私立
的学校，大连过去的一个副教授在那里教书，领着一批人，条件
较差。应庆大学的学生出来做设计，不能做超过500平方米的建

筑，超过的话他们就无权设计，所以那个学校也没有更多值得借鉴的地方。我们整个行程一共看了早稻田大学、应庆大学，还看了神户大学。当时发现，日本的建筑教育体系和中国的体系不一样，和哈工大以前的工民建差不多。他们是建筑和结构不分的。当然，这样有好处也有不足的地方，就是建筑的技巧性会少一些。从趋势来看，想要恢复过去那种建筑与结构不分的时代是不太可能了，但是我觉得建筑和结构也不要太严格的分开，建筑师还是要知道一些技术问题。当时同济大学、东南大学都觉得国内建筑教育的缺点就是对技术不擅长。哈工大的工民建专业所谓"三条腿"——建筑、结构、施工都学，学时比较多，负担比较重，在建筑学科的训练这方面稍微弱一点，但还是管用。

1984年，美、日、加三国调研

1984年有个机会，我参加了去美国、加拿大、日本考察体育场馆的奥运考察团。我们一共是去了8个人。北京市院去了3人——马国馨、刘开济和周治良；北京规划局去了1人；国家体委去了1人；还去了一位国家计委文化处的司长。当时外地的只去了两个人，一个是上海的魏敦山，另一个就是我。考察过程中，我们一行人也算是结下了友谊，后来和他们常有往来。那时候各单位相机条件有限，大部分人带的是一般的相机镜头，不是广角镜头，那种镜头拍照很困难，要把相机拿很远才能把建筑拍全。还好我带了个当时还算比较先进的变焦镜头，用的也是系里的美能达相机，配了40卷胶卷。那时候胶卷还算便宜，就是做幻灯片的反转片太贵。我还带了点负片，拍点人像和建筑物。

我们考察团先到了美国，去了旧金山，然后主要是到洛杉矶看了看他们的奥运场馆。1984年洛杉矶奥运会基本是沿用了1932年那届奥运会的场馆。接待我们的尤勃洛斯很有意思。我们去考察的时候，是他接待我们，但是招待吃饭的不是他。到中午了，就让我们坐车到太平洋公司去参观，那石油公司也比较大，然后他让太平洋公司的经理请我们吃饭。可以看出，这届奥运会的举办比较节约，很多花费都是公司赞助。看完洛杉矶，我们接着去纽约看了一些棒球场，比如SHEA棒球场、扬基棒球场。美国考察的主要城市是洛杉矶，其他两个城市看得比较少。

在纽约待了几天后，我们就坐飞机到了加拿大的蒙特利尔。蒙特利尔也曾是奥运会的举办地，所以也算是一处考察重点。我们在蒙特利尔一共待了三天，当地接待的人把我们接到附近的一个滑雪山区，在那住了两天，当地官员给我们介绍经验。后来回到市里面就住汽车旅馆，然后看了下蒙特利尔市区的情况。在蒙

1984年考察洛杉矶奥运会的主体育场

1984年考察纽约SHEA棒球场

筚路蓝缕，以启山林

1984年考察纽约
扬基棒球场

加拿大蒙特利尔
奥运场馆

加拿大蒙特利尔
奥运场馆

往事琐谈

特利尔的时候也去参观了一所大学，学校负责接待的人发现我是哈尔滨高校来的，就特别感兴趣，主动来拜访我们，要跟我们合作。他们的校长还主动来和我共进早餐，就和我一个人谈。那时候合不合作得回校请示，可惜回来后和学校一说，他们不感兴趣。其实这个学校还是比较有名的，好像后来是东南大学跟他们进行了合作。从蒙特利尔离开，我们就到了金斯顿。金斯顿那个地方有湖，我们在一个水上运动项目的举办地看了看。之后我们还到多伦多看了一个有活动屋盖的棒球场。我们还到了埃德蒙顿，这里召开过英联邦运动会，我们看了当地的体育场以及冰球馆，还参观了举办过世界大学生运动会的阿尔伯塔大学，也看了他们学校的场馆设施。最后我们到了温哥华，看了几所高等学校的体育场馆，也看了下他们的高山滑雪设施。温哥华气候比较暖和，公园里还有很多花花草草，就连滑雪山上也不太冷。

参观完加拿大的场馆，我们就到了日本。日本的场馆发展情况没有前两个国家好。我们到日本的时候，接待我们的体育组织主任说，还以为你们先到日本，现在既然从那两个国家来，日本就没有什么好看的了。当然，我们还是看了看他们代代木的体育馆、游泳馆。代代木体育中心做得不错。大阪、神户的一些场馆我们也都看了，也还是有启发。

马国馨是我们考察组的成员，他在丹下健三那学习过，马国馨就去看丹下。丹下健三知道我们来了，就要和我们见面，中国代表团行程也很紧张，最后就安排在中午，丹下在新宿高层区那里招待我们吃饭。会面期间，他发现在高校里工作的就我一位，就主动问我教学的事。我们就交流了一些国内外建筑教育的问

加拿大温哥华室内体育场

题。他当时问，你们建筑教育中建筑和结构是分开还是合在一起的？我也不好意思不给他回答，答多了也不好，因为大家来的任务不是这个，我是唯一一个在学校教书的。我就说我们现在基本上都是西方建筑系的做法，建筑和结构都是分开的。他说在日本是不分的，他认为是应该合着，这样同学之间工作好配合。日本人特别重视这件事情，芦原义信也是这种观点。芦原义信也是东京大学的教授，写过《外部空间设计》。后来在天津，我还和芦原义信交谈过一次。他当时在天津讲学、开座谈会，我也去听了，我就问为什么日本要这么做。他也是认为这样便于工作配合，交流会比较方便。

考察的三个国家比较起来，从场馆使用功能的广泛程度来看，还是美国的场馆在这方面做得比较好。这些场馆对社会生活的考虑比较成熟，不仅仅是考虑体育比赛，还包含各种文艺演出、集会的功能。比如SHEA棒球场，两边各有5000个活动座席，整体转动，可以变成足球场。还有扬基棒球场，功能也很灵活，活动也很丰富，我们去的时候还给每人发了顶棒球帽子做纪

丹下健三在东京新宿宴请中国体育建筑考察团——左一为作者

念，很有意思。

　　这三个国家的高校体育场馆也很有特点。美国高校的体育馆规模都不小。我后来做哈工大体育馆的时候也问过斯诺的外甥。斯诺就是写《西行漫记》(《红星照耀中国》)的那位美国记者，他外甥也是建筑师，到哈尔滨来访问过，我们负责接待。我就问他，我们的校园体育馆有三五千个座席是不是太大了。他说不算大啊。美国学校体育馆一万多个座席的都有，这三五千座应该算是中小型了。美国这些校园体育馆之所以规模这么大，是因为它不但给学校里用，还给社会用。就像南加州大学的体育馆，就是奥运会时也在用；加拿大的卡尔加里大学平时给体育学院上课用的速滑馆，也曾给奥运用过。所以这些场馆规模都不小，而且基本都是多功能的。相对来说，日本的高校体育场馆不多，而且规模比较小。像日本早稻田大学的体育馆是多功能的，它有一个长的大厅，比较多的活动看台；在那个大厅里，我还参加过他们的一个毕业典礼。

　　那次考察最后我写了个报告，把考察的情况都记录了下来。

总体来说，那次考察中，我们比较密集地了解了国外先进的设计理念和建设成果，学习到了很多先进理念，为我们后来的工程实践、学生教学提供了很大的帮助。

1987年德国访学

1987年和1990年，因为我们学校和德国的汉诺威大学有合作，我被邀请去做访问学者，共去了两次，每次都是40天。汉诺威大学给我们安排参观、考察，我们主要在一个叫"区域和经济规划研究所"的机构访问学习。我们去了两个老师——我和郭士元。郭老师主要研究城乡规划，德国的卫星城市比较出名，我们也去看了好些城市，如德国的法兰克福、汉诺威、奥登堡等看得比较多。后来我还单独去了慕尼黑。慕尼黑举办过奥运会，我就想去考察下奥运场馆的建设和赛后的运营情况。德国方面舍不得拿钱，因为我们到德国的费用是他们找大众汽车厂赞助，为了省钱，他们就请我一个人去了。到了慕尼黑，他们找了一个咱们北京工业学院（现名北京理工大学）的一个在读博士生，陪了我一天，给我做翻译。我们当时参观了一天，中午吃饭是在电视塔上面的旋转餐厅。后来我提了些问题，他也比较有兴趣。他以前也接待过别的国家的考察团，他说你一个人来这么短时间，就想了解这么多，希腊来了5个人，考察了三五天，也才了解这么多。

我们去到德国除了参观考察，有时候也做做交流。在一个报告会上，我也把我们的一些设计，包括我们做的两个亚运会的场馆给他们介绍了，看了幻灯片，他们也觉得很惊讶。

在德国考察的效果还不错。德国的规划、城市交通、住宅、体育设施都比较先进。他们还有个"个人自留地"计划，就是他们居民在郊区都有块地，可以种点菜，修点简易房子。这是由一个医生建议，为了居民健康而推动的一个项目。我们也参观了一些建设得不错的"自留地"。德国的教堂建筑也不错，他们也建议我们参观学习。看他们的卫星城的时候，一般都由他们的市政府接待。我们也去了北海的斯维斯兰岛，就是一个海里冲出来的沙滩城市，算是卫星城了。也去过沃尔夫斯堡，那里有大众汽车厂总装厂。在沃尔夫斯堡我们看了阿尔托的工人文化宫，也挺有特点。阿尔托的作品对人比较关怀，细部也做得细致，里面的扶手都是用牛皮做的，给人温暖的感觉；另外建筑物和技术结合，注意天然采光。他做的教堂也比较多，采光都比较奇特，造型也比较特殊。阿尔托的设计思想很有特点，人情味比较重，很值得学习。我们也到了法兰克福，参观了一些体育场馆，还到了奥登堡看城市建筑。奥登堡原来是一个封建王朝的城堡。我们参观了他们的皇宫，也参观了一些体育场馆。奥登堡的体育场馆不是太大，但是只要能参观，我们就都不放弃，都看一看。后来还到了南部城市乌尔姆，去参加他们规划学术年会，他们对形式比较重视。我印象比较深的是当时东德和西德还有比较分明的壁垒，西德的学术界对东德还是有些针锋相对，不太瞧得起。有一个东德的建筑师上去讲，之后西德人就不太同意他的观点，不断地提问题，弄得他想喝水都没有机会。在德国做访问学者期间，我们也去法国看了看。当时是万圣节放假，汉诺威大学靠大众汽车厂提供奖金，我们就申请把这笔奖金拿来去巴黎转一下，他们也同意了。我们坐汽车去了巴黎，在巴黎待了三天，走马观花地看了看，不可能深入地了解。德方斯新区去看了，巴黎圣母院和卢浮宫这些建筑就在外头看了看，没进去。如果进去细看，西方的那些教堂还是很美的，但是没有那么多时间，我们只能在外面看一看。整体感觉那边的城市建设很不错。

那时候条件也有限，国内没有什么经费，费用都是由德国方面资助。他们给点生活费，我们找个房子住着，自己做饭，就刚好够花。在德国的这次考察，也是对城市建筑比较全面的一次认识交流，不局限在体育建筑上。当然体育建筑也看了很多。德国的体育设施比较先进，特别是在群众体育设施这块，德国不仅仅从政策制度上，也从具体举措上下了功夫，可以看出来他们的体育设施建设很注重群众健康和群众需求，很值得我们好好学习。

与巴黎的埃菲尔铁塔合影

1988年加拿大卡尔加里冬奥会冰雪设施考察之旅

我国黑龙江省和加拿大的阿尔伯塔是"姊妹省"，1988年加拿大举办冬奥会，阿尔伯塔省邀请我国黑龙江省去考察。那次考察由黑龙江省体委组织，管文教的省长带头，一共有七八个人，省长点名要我参加，其他都是体委的人。考察内容主要是到卡尔加里参加冬奥会，并考察冬奥会设施。现在想起来，当时可能也是为哈尔滨修速滑馆做准备。卡尔加里和温哥华不一样，温哥华在落基山的西面，冬天比较暖和，卡尔加里在落基山的另一边，冬天就冷一些。我们直接飞到卡尔加里参加冬奥会，在那待了一个星期。我们在现场看了开幕式，以及滑冰、速滑、冰球、高山滑雪、打冰壶等赛事。

1988年加拿大卡尔加里冬奥会开幕式

筚路蓝缕，以启山林

卡尔加里的场馆设施很不错，其中冰球馆是一个马鞍形的悬索结构，比较先进。之后我们坐汽车到卡尔加里北面的埃德蒙顿，参加了和当地的华人建筑师的座谈会。那些华人建筑师也没什么大跨建筑的经验，都是做小跨、中跨项目，他们甚至把室内落柱子的方案也拿出来要我们参考，显然他们是落后了。所以华人建筑师在国外接触大型项目的也很少，那些案例显然不能用。做大跨建筑必须对现代空间结构要了解，采用多种结构方式进行设计。在埃德蒙顿停了一天，我们又坐飞机到了温哥华。回来的时候经过日本，因为黑龙江省体委有个小伙子在日本学习，我们就在那停了两天，短暂参观了一下。

这次我们主要是考察冰雪建筑，也看到国外建筑师的一些好的想法。比如卡尔加里的那个冰球馆，其悬索结构全部是装配的，包括结构框架、屋面板、主体结构，都是装配施工。建筑的结构和形式很统一，设计逻辑就很合理。那个冰球馆的设计公司人不是太多，但是很强势。国外一般没有像我们国内这么大的设计院。在日本，就只有"日本设计"这个事务所比较大一些，有近千人，其他的都不大，一般都是只有几个人的小型设计事务所，然后雇些研究生帮忙画图。加拿大的旅游胜地我们也去了，在滑雪场里，我们看到一些中学生在山上滑雪。印象比较深的是，居然还有一个5岁的小孩和他父亲从很高的山上滑下来。那么小的小孩，也能参与这些运动，让我们感到很惊讶。他们很多这样的活动，都是群众自己去的滑雪场，在这个滑雪场玩几天后再换个滑雪场继续玩。这些活动是他们群众喜爱的，有很深的群众基础。加拿大做得好的地方就是能够给群众喜爱的运动创造场

卡尔加里速滑馆

1997年亚布力滑
雪场考察

1999年二龙山滑
雪场休闲

筚路蓝缕，以启山林

所，他们的观念是体育设施要为群众服务，这点给我的触动比较强烈。所以中国现在都说要体育产业化，如果本身没有群众基础，什么产业化都是虚的。

那次考察给我有很多触动，回来以后我对冰雪运动也有了比较大的兴趣，国内的滑雪场也去看了一些。比如1997年，我请北京市建筑设计院的熊明来我们学校讲学，然后陪着他们夫妇去亚布力滑雪场进行考察，当时天还不太冷，但山上也下雪了。哈尔滨及其周边滑雪场也比较多，有时候我也会和家人、朋友或者学生们去雪场滑雪。

从国外先进经验来看中国体育建筑未来之路

通过几次国外考察我发现，西方几个先进国家中，大型场馆的建设，除了美国比较多，其他国家都不太多；多的是中小型的、可以为群众利用的场馆。比如加拿大，我们当时在埃德蒙顿和其他几个城市调研，就发现那里的冰球馆很多，给群众用的冰球场就有十几个，但真正上万人的馆很少。埃德蒙顿这个城市并不大，但这种给群众进行打球、锻炼，给年纪大的老人打打冰壶的小场馆挺多。再比如我们和西德汉诺威大学合作的时候，他们正在进行有关社区的和群众性的体育场馆调查研究。其调查框架很细致，列出材料给我们看，我们挺有感触，觉得国外体育设施重点放在群众设施上，不在于有几个大场馆。我们以前的场馆建设重点就看规模够不够大，有没有什么特殊的东西，群众性的场馆很少，所以群众锻炼没有场地。

这么多年过去，进步是有一点，但不明显。国家需要多建一些给群众用的场馆，学校里、社区里都需要，像我们的社区体育设施很少，始终没解决这个问题。尤其前几年，都一窝蜂建大型体育中心，搞形象工程，没有把群众体育设施放在眼里，也没有放在心上。谁肯花很多钱，建体育设施给群众用，但是不能马上看到明显效果？这是个观念问题，要改变这个观念很不容易。

二十几年前，如果哪个城市建设一座稍具规模的场馆就足以引起全国各地的羡慕，而今天场馆成群的体育中心在此起彼伏的建设热潮中都已经司空见惯了。但是仔细观察近些年的场馆建设，可以发现绝大部分场馆都是竞技型的；群众性场地，包括健身房的建设相对较少，可以说鲜有所闻。场地是体育运动最基本的物质基础，没有运动场地，群众性体育运动发展也就困难重重。可见，这是一种不和谐的发展局面，不仅影响国民身体素质的提高，而且会反过来制约竞技体育的发展。我国几座大城市同纽约、巴黎、东京等发达国家的大城市相比，竞技体育设施的数量和质量可能不在其下，但社区和中小学的体育设施则相差甚远。这种不协调发展应该引起各方面的重视，提上议事日程。这方面我国有太多需要改进的了。

除了群众体育设施始终还是没能引起重视之外，我国体育场馆的使用寿命也让人痛心。最近十几年中，仅山东、吉林、辽宁、黑龙江就有五六座建成至今只有一二十年的大中型体育场馆被拆掉，它们都是现代技术建成的场馆，还有50～70年可用期，并不属于破旧不堪、推陈出新的对象。我国体育场馆的拥有量，无论从实际需要来看还是同发达国家比，不是多了，而是还太少，绝对没有裁减或提前更新的依据。如果说由于某些人不喜欢，那或许可通过改造来改善。这些场馆都建在城市新区，并不影响城市的改造和更新。地价升值是城市发展的结果，但是不能因此以"建了拆、拆了建"的方法建设城市。这几座场馆按现价计算，投资都在亿元以上，有的甚至高达4~5个亿，它们的存在对环境无害而有益，对群众生活有利。这种做法在中国是个特殊情况，在国外这种情况很少，很多很老的场馆人家还在用。我国的这种情况很大层面上是领导好大喜功，推倒重来，给自己树立威信，建立影响，所以有些场馆被拆掉了。像原来的广州老体育馆，因为那个位置比较重要，被推掉了，改做商业建筑。青岛汇泉广场那个悬索结构的体育馆，建了不久，也被推掉了。沈阳的五里河体育中心的体育场体育馆原建于1988年，在2007年被推掉了，就20年不到的使用寿命。包括我们的吉林冰球馆也是，由于领导的个人喜好，就把它拆掉了，我们也是很痛心。这没有必要，在国外没有人这么做，推倒重来不是建设性的举措，而是破坏性的倒退。

6

理论结合实际的体育建筑设计之路

01

设计从实际出发
——
终身的坚持

　　我们的研究和设计始终坚持以下几条。一是动态的设计思维。场馆投资大却有许多场馆效率低下，造成这种供求巨大矛盾的根本原因是场馆的使用要求是动态变化的，用静态的设计应对，必然问题多多。我们主张以变应变，即用动态设计思维、多功能设计方法来应对，从而提高场馆的利用率，实现可持续发展。二是互动的设计构思。体育场馆属于大空间公共建筑，建筑受结构制约很大，建筑设计构思与结构构思同步进行，反复修正完善是设计成功的关键。我们既不赞成孤立地进行建筑构思，让结构被动地勉为其难地配合，也拒绝结构先入为主、让建筑削足适履、本末倒置的悖理做法。三是内外融合的造型创新。建筑造型首先应表征建筑基本内涵，同时兼顾外在审美要求，予以适当象征，使二者达到自然融合的高度；如果达不到内外融合，则忠实于内在特征的表征，不赞成用表皮手法掩盖或改头换面的建筑造型，片面吸引眼球，让人难识建筑的真面目。

在几十年的体育建筑研究和设计过程中，我一直秉承以下创作原则：一是重视调查研究，理论研究先行，了解国情，学习国内外有益经验，明辨发展方向；二是探索独立发展之路，如多功能设计，将群众活动引入并放在重要地位；三是技术应用追求适宜和创新，如吉林冰球馆索桁架的演进，以及朝阳馆的脊索做法；四是形式与内容紧密呼应，并力求突破有所创新，如吉林冰球馆、石景山体育馆、哈尔滨梦幻乐园，都是在紧密结合内部功能、建筑环境和结构技术条件下的创新；五是造型重在建筑内涵的忠实表征，并适当象征文脉，如惠州体育馆。这些作品在当时的社会背景中还是比较新颖的。

我们有一个团结合作、实干苦干的研究团队。在50多年里，人员不断变动和更新，但这种良好风气没有丢，一直坚持了下来。我们不但在完成教学任务前提下，克服困难进行体育建筑设计研究；更是不辞辛苦，日夜兼程跑遍全国。我们一共进行了六七次全国性调研，多次放弃寒、暑假休息，连续奋战一个多月。我们关心社会需求和场馆使用经验及问题，重视设计理论研究和设计实践活动，两者紧密结合。研究的方式很重要，更重要的是能找到课题。这些年工作最大的经验还是坚持理论联系实际让学生搞生产，有问题好研究，这样才能够找到课题。

02

实践初期来之
不易的胜利

吉林冰球馆——爱或不爱，它就在那里

1980年代初，吉林要修冰球馆，当时国家体委有一位处长推荐同济大学来做这个方案。后来国家体委的另一位李司长觉得同济大学对冰雪建筑不熟，不太同意给他们做。这位李司长来过哈尔滨，知道我们做了一些设计方案，也对冰雪运动建筑比较熟悉，所以就推荐我们做。后来他们去黑龙江省、长春市、吉林市考察，我都陪着他们，也充分交流了对冰雪建筑的看法，他们也比较认同。就这样把吉林冰球馆的任务定了下来。

吉林冰球馆也算我的第一个正式的体育场馆作品，对此付出很大心血。从设计到建成的时间挺长，为了这个项目我也经常跑

隔江遥望吉
林冰球馆

吉林冰球馆
内景

吉林冰球馆
外观

往事琐谈

去吉林。吉林市是我国冰雪运动的重要基地之一，冰上运动中心的建设对于我国冰上运动发展很有好处。这是国内第二座，也是由地方投资建设的第一座冰球馆，因财力有限，要求设计处处精打细算。

整体造型上的考虑主要是适应环境。这个项目的建设内容包括冰球馆、冰球练习馆、露天人工速滑场等，位于吉林市松花江畔与江南公园之间，风景优美，但地段不大，规模相对于冰球馆来说比较紧凑。按规模来说不宜采用很复杂的形状，用矩形比较合适。同时从建筑本身的经济技术指标来看，也需要做得比较简洁。这个冰球馆只有3500个座席，冰场尺寸为35×66米（30×61米），论规模相当于5000人的一般球类馆，建筑面积宜在1万平方米以上，但是任务书中的面积规定只有8000平方米左右，设计上有些难度。在这样座席少、场地大的情况下，矩形平面就比较合理。那要用什么结构来适应矩形的形体呢？我们设计的时候，考虑要采用新结构，同时又要经济一点，最后就选择了悬索结构。但是矩形里头做悬索结构也很费事。如何解决这个矛盾，就成了我们的设计重点。我们集中大部分精力来做结构方案，开始觉得单悬索做起来造型可以，但是外形看起来空间体积比较大，需要改进才能让它看起来更轻盈一点。最后翻来覆去地琢磨修改，用了大约半年时间才解决。我们一开始是选用索桁架进行尝试，就像德国著名悬索结构专家弗莱奥托的颇具创意的新型索桁架形式一样；同时又要与严寒多雪的吉林相联系，结合造型上和体育建筑本身以及地域环境特色进行考虑。因为冰球馆建筑造型力求在功能合理、技术先进的基础上表现出冰雪运动的特点，但

理论结合实际的体育建筑设计之路

131

是冰体晶莹剔透却无定型，雪花洁白精美却难以用建筑形体象征，挂几朵雪花图案未免过于简单，最后我们就想到了冰雪的再生物——冰凌！冰凌纤长，上大下小，变化有序，和我们的结构也能够很好地结合。但是结构经过那样的演变后，屋面荷载增加过多，吉林雪荷载高达80千克/平方米。我们再次改进，将屋面坡度变缓，将结构外露于屋面之外，避免了屋面和雪荷载的明显增多。这样解决了旧问题，又有了新问题：在室内外温差高达六七十摄氏度的吉林市，这样的半露结构会有温度应力及杆件穿透屋面的漏水隐患。半年多的苦思，百无出路，但终于有一天茅塞顿开：为何不改变观念，走拉压结合之路！很快我们构思出将稳定索提高到坡峰，用压杆连接稳定索和承重索，构成一个全新的悬索结构形式，将上述各种忧虑一扫而光。这一构想得到结构师认同并建议用轻型钢桁架代替受压斜杆，从而产生了实际应用的双层预应力悬索结构，其经济技术指标都达到了预期的目标。

为了验证结构方案的可靠性，我们利用我校有实验室的条件，做了1/10比例的屋盖结构模型进行荷载试验，以解除人们对悬索屋盖的疑虑。除了荷载试验，我们还请实验室人员都上屋盖，更实际地感受下它的可靠性。事实证明，此结构完全安全可靠，消除了人们的疑虑。在吉林冰球馆的工地现场为了让工人直

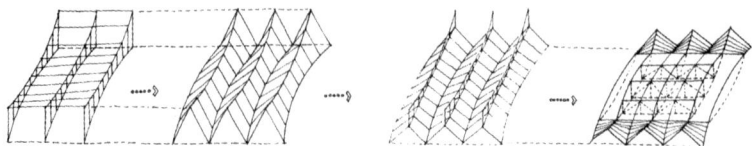

吉林冰球馆屋盖结构选型演变

观认识冰球馆的独特形象和结构做法，我们还在大院里做了1/5局部模型，将承重索与稳定索的交错关系交代得一清二楚，显著提高了工人的施工信心。

冰球馆最后呈现出来的结构形象很理想，通过正、背立面的平衡拉杆适当分合并覆上盖板，即出现条条冰凌，一改乏味的构件为优美的冰雪形象，似冰凌又似冰刀，得到了群众的喜爱，也表征出强壮、雄劲且轻快、优美的体育运动的双重美学性格。这个场馆的结构方案都是我们建筑设计师构想的，也较好地完成了结构和造型的一致性。

除了冰球馆，还有一个练习馆。这个练习馆是赛前热身、平日训练和群众锻炼必不可少的设施。由于投资有限，不做采暖保温，能挡风避雨即可。但是我们还是花了些心思在这个结构和造型上面：虽不能和主馆一致，但要和其相呼应。最终我们选用了双铰钢架，钢架之间覆采光窗和彩钢屋面，空间明亮且具有韵律感。练习馆平均高度仅5.5米，但不觉得压抑，外形起伏，富于变化，承袭了主馆的三角形构图母题，风格协调统一。

当时做项目还没有固定的团队，我们就临时组织了一个"哈尔滨建筑工程学院吉林冰上运动中心设计组"。参与的人还挺多，都是中青年教师，除了我之外，建筑的还有三五个人，另外还有结构和设备的老师，结构有十几个人，设备也有七八个人。那时候都是教师在参与，参加的人不少，大家占满了一个大房间。

这个冰球馆的方案后来得到国内专家很高的评价。国内的空间结构学术会议在那里开了一次现场会。后来我们参加南京全国先

吉林冰球馆练习馆外观

吉林冰球练习馆内景

吉林冰球馆调研

往事琐谈

进建筑技术展览会以及中国到美国各地巡回展览的时候，都把这个模型拿去，国内外的结构专家都对其予以认可和好评。所以这个方案的结构和形式结合得还是比较合理、先进。但是很遗憾，当地领导不很喜欢，最后被拆除了。当时吉林副市长支持这个方案，但是市里面领导意见不一致，因为场馆最后呈现出来的形象和他们想象的样子不一样。我们是考虑它在松花江南岸、江边公园里，建筑形式不能太复杂，却又有点冰雪建筑的象征。这样就让有些人接受不了，他们所谓的场馆是什么样我们也不知道，我们做的是全新的，将环境、结构和节能结合起来的方案，所以他们总觉得有点格格不入。其实这个方案在全国都很受欢迎。当时清华大学有一个研究生，也是青年教师，他看到我们做了这个方案之后也想要用，在全国中型体育馆设计竞赛中也提出了这个方案，后来他们问我们这个用没用，我说我们已经在修了，他们就不再做了。但是领导不喜欢，也没告诉我们，就把它拆掉了。

朝阳体育馆与意外的石景山体育馆
——来之不易的亚运缘分

1990年北京举办亚运会。这是中国第一次承办国际综合性大型体育赛事，全国人民都很重视这件事情。亚运会的场馆建设事宜是由当时的常务副市长张百发负责。那时候高校有做设计的，也就我们和清华大学。像同济大学、天津大学都知道这个情况，但是没有拿到项目；清华大学拿到一个体育学院的项目，相当不错。我们想参与亚运工程，也做了很多努力，最后亚运会8座中心馆，让我们做了其中2座——石景山体育馆和朝阳体育馆，这个过程很不容易。别的设计单位看到后都很惊讶，没想到我们还能拿到两个任务。因为北京各部委设计院，像机械委设计院和其他一些设计院也都是铆着劲在争取任务。有好几个场馆，他们都事先联系好了，就直接请他们做。体育中心的游泳馆拟给上海民用院做；主体育场、主体育馆本来是要进行设计竞赛，后来就没弄成，直接给北京市院做。当年的项目基本都是不公开的，8个中型馆项目，都没有公开招标。主管单位没有展开社会公开招标的意识，政策上也没有这个硬性要求。后来1990年代后期开始要求要招标，但是很多情况下竞标也都是走形式。主管单位不请你有什么办法？包括后来奥运时候的场馆招标，主管单位和有的设计单位本来就有利益关系，根本就不请你。评委让你去，投标不找你。所以招标奥运项目的时候我就做了评委，没有参与场馆设计，也是有些遗憾。

亚运会的场馆建设我们很早就知道了消息，也是一直想要参与，国家体委也表示欢迎，但是真正要参与进去，还是有无形的阻力。他们选择设计单位要优先考虑北京当地设计院，这个地方保护主义到哪里多多少少都还是有。这个也可以理解。当时的设计任务需要自己去争取，不联系不会给你。为了争取项目，我们每个月都要往北京跑一次，每次去了北京，就到亚运场馆建设指挥部。指挥部在西城区的人大大院里头，我还记得在那有一大坑。那段时间经常去那，希望能争取点任务。经常跑一次没有什么结果，待上三五天只能回来。后来通过关系找到张百发。因为1983年上海举办第五届全运会的时候，国家体委组织一个场馆考察团在上海进行考察，包括我、清华大学的吴良镛、同济大学的葛如亮和魏敦山都在考察团里头，张百发也是考察团成员。我们的考察活动就是每天到各个场馆的比赛现场去看。张百发喜欢早上早早起来，去市场上转一转，了解民情。后来我就把我们做的方案给他看，然后表达了想要参与北京亚运工程的意愿。他说，好啊，欢迎啊。他当时就指着北京儿童医院那里，说你在这给我们做一个，我们就真给做了方案。后来也没有什么人去做朝阳这个项目，朝阳区体委也觉得我们虽然是外地的，但是水平还行，就让我们做了。这样北京亚运的项目我们才有参与。所以北京的任务我们没有真正竞标，是我们知道这个情况，主动去争取，才能够参与。

朝阳体育馆的选址在朝阳区姚家园路与水碓东路交叉口西南角，用地只有1.6公顷，地块很紧张，周边环境也比较复杂，其东面是六里屯统建住宅区，北面为拟建的北京市第二儿童医院，斜对角为朝阳区法院。我们不想把这个角落搞得很拥堵，就把建筑压低，降下去一层，看起来效果能好一点。如果把它立起来，会对周边建筑和将来要建的儿童医院有影响。我们一共做了4个方案，都是在一个大的指导思想下不同形式的表达，都是强调结构和形式上的创新运用，强调对环境的尊重，强调对体育设施多功能使用的研究。当时我们使用的悬索结构、双曲抛物面扭壳结构在国内现有场馆还很少见，亚运会的其他馆也没有这样的做法。此外，场馆下沉的处理手法在国内也是很少，其他的场馆基本都没有考虑过。但是在国外，这是一种很普遍的理性呼应紧凑环境的设计手法。日本这样做得多，美国、加拿大也有。最后选用了

1983年上海全运会考察

1983年上海全运会留影（从左至右依次为作者、张百发、葛如亮）

椭圆形平面的方案，这个方案和菱形的基地很契合。屋盖采用耗钢量最少的悬索结构。这个结构由两片索网并联而成，可以创造出中间高、两端低的理想比赛厅空间，并解决比赛厅天然采光的问题。建筑造型上也很新颖流畅。这个造型其实也是在日本代代木游泳馆的考察中获得了启发。但是朝阳体育馆的屋盖结构更加优化，我们在中间脊梁上独辟蹊径，用上下左右4片索桁架构成稳定的索桥，就克服了代代木游泳馆因柔性脊梁不稳定而用刚性索网弥补所导致的用钢量过多的缺点，结构外形也别具一格。这样，它在造型上采用了不同于前些年流行的大挑檐、大玻璃和大台阶的建筑语言，尝试以空间和结构为主要建筑语言塑造形象。独特的空间、新颖的结构、雕塑感的体形和淡雅的色彩，构成了朝阳馆简洁明快、轻松活泼的建筑形象，具有较强的时代感，也反映了体育运动的特征和体育建筑的基本属性。

　　参与设计过程的人也挺多，那时候的学校老师、研究生、本科生都参加了，包括郭恩章老师，现在华南理工大学的孙一民，现在沈阳建筑大学的张伶伶，现在留在哈工大的李玲玲等人。我们还做了模型，那时候我们住在机械委设计院，借用他们的模型室做模型，是用有机玻璃做的，做起来挺费事，可惜后来都被拆掉了。还好我们的成果在北京的审查中受到了欢迎。到了请全国专家来看方案的时候，他们看到了我们的模型，都比较惊讶，说道："啊？还有这个？！"中央电视台也进行了比较多的报道，给了我们不少镜头。

　　石景山体育馆在石景山体育场的东北角。建筑规模不大，但是地形特殊，是个不常见的三角形，且用地只有1.6公顷。我们的设计必须突破常见形式，以独特的布局应对特殊的环境。石景山体育馆设计项目的争取还有个较为曲折的过程。一开始是石景山的负责部门不想将这个场馆给外人做，要给石景山当地的设计师做。所以一开始我们去联系，人家不欢迎我们。但是他们自己设计的结果就让人不是那么满意，石景山那块地是个三角形，当地那个方案是个矩形的，和环境结合很不合理，就没通过。把朝阳体育馆的模型送去审查的时候，审查的领导和专家看中了我们其中一个方案，那个方案我们考虑的是三角形，也是下沉式。他

朝阳体育馆渲染图

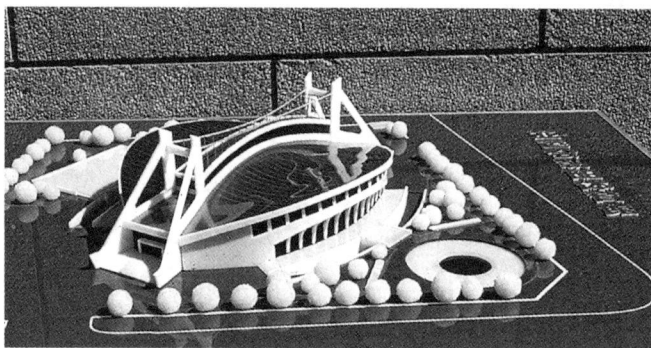

朝阳体育馆模型

朝阳体育馆实景

们觉得很符合石景山那块地段的条件，给石景山用很合适，就定下来选用这个。国家体委计划司司长就进行推荐，当时他还带我们去跟石景山的负责人谈。指挥部也给石景山的负责人做工作，包括总指挥张百发、副指挥周治良等人都在其中进行了斡旋，后来就把我们这个方案硬搬了过去，比石景山他们自己做的更合适。所以实际上现在石景山体育馆的方案原先也是给朝阳体育馆做的。我们相当于从一个项目得了两个机会——一个是石景山体育馆，一个是朝阳体育馆。这两个馆算是北京亚运会的姊妹作，两者的建筑环境、设计理念和设计手法基本相似。

石景山体育馆的设计采用了比较少见的三角形平面，一方面与地形比较好地契合，另一方面也使紧张的用地得到了最大程度的利用。为了使内部空间更为合理，我们切去了三角形的三个尖角布置观众出入口，比赛场地取32×44米，两端保留三角顶部以利于座席布置，场地略偏于比赛厅一侧，达到兼顾文艺演出、集会等综合使用目的；设置了近1000座的活动座席，调剂不同使用功能的布局，并解放了座席下无法利用的三角形低矮空间；将二层座席设计为楼座，就再次解放无效的三角空间，扩充休息厅面积，休息厅集中在二层，取得了经济高效的结果。同时，场馆采用下沉式布局，有三分之一的体量降入地下，显著减少了外露建筑体量，有利于环境和谐，也减少了建筑外墙面积，有显著的节能效果。场馆也简化了无障碍设计，残疾人可以从平地直接进入比赛厅，而对大量观众采取中行式疏散，可以取得线路短捷、快速疏散的理想效果。在造型上，我们首次采用了双曲抛物面扭壳结构。由三片直边曲面扭壳组成三角形平面，将两两相接的直边适当拉开，设采光窗，有机地解决了比赛厅采光问题。屋盖的起伏紧随比赛厅空间的合理升降，建筑造型很自然地体现出动与静、刚与柔的体育运动特点，并能与建筑功能和技术手段紧密结合，受到群众的欢迎和好评，也得到国内外各界专家的肯定。

　　为慎重对待亚运会工程，石景山馆和朝阳馆照样做了结构模型受力试验以及1/10屋盖结构试验。通过试验，其受力规律、构件应力、结构安全都获得了可靠数据，对结构安全性有了充分的把握。至今石景山屋盖结构模型仍然伫立在哈工大二校区体育

石景山体育馆实景

石景山体育馆内景

场一角。优美的轮廓、流畅的壳面变化，依然给过往行人一份难得的美的视觉享受。而朝阳体育馆屋盖结构试验模型，由于场地有限，完成试验后即拆除了。这些结构模型试验受到国家体委计划司及北京市建筑设计院周治良、刘开济等总建筑师的称赞。

其实当时我们联系的也不止这两个馆，东城区项目我们送了方案，被拒绝了；地坛项目我们也送了方案，也被婉言谢绝。所以最后就设计了朝阳和石景山的两个场馆。作为外地的设计单位，在没有公开投标的环境中，能够争取到8个场馆项目中的2个很不容易。当时这2个场馆项目的功能设计理念也比较先进。我们对场馆内场地进行了研究，使用的是我们之前就一直倡议推广的34×44米的"综合二型场地"。我们也使用了一些活动座席，在3000多座席规模的条件下，我们设置了1000个活动座席来调剂场地的大小。所以直到现在，这两个馆还比较受欢迎。我后来在《建筑学报》上发表过关于这两个场馆设计构思的介绍文章，标题是"自律至善，情理相依"，比较恰当地概括了我们的总体设计理念。

石景山和朝阳体育馆的很多尝试都是属于国内首次，极具创新意义。后来我们的深化工作做得还算比较顺利，方案通过之后很快就要出施工图。最后出施工图的单位是在王府井的那个北京机电部设计院，就是当时机械部和电力部合在一起的设计院。因为我们当时设计团队基本都是一些研究生，那2个场馆项目出图时间要求比较紧张，又在北京，现场服务要我们两头跑比较困难。学校设计院那时候还没有几个人，也做不了。后来我们只能把施工图交出去，给机电部做。我们没能做到施工图，有些地方就没能控制住。机电部画施工图的时候意思就是由他们全权负责，我们把方案给他们，他们就随便做，有的地方随意改动也没跟我们打招呼。比如说朝阳馆设计了个子母门，分大门、小门，两种不同的人流都从这一个地方进出，这样的做法很不合理，但他们就随便改动了。还有朝阳馆本来是想做地下，结果他们把中间又都露了出来，与原来做下沉以便减少体量的想法相悖。后来我们做设计都是自己做施工图，包括广州、安徽等项目我们都是自己去，就是担心再遇到类似的事情。

向北京亚运会建设工程指挥部汇报体育馆设计方案

03

设计理念与体育建筑实践的不断深入

研究所的成立——专注于设计和教学工作

1989年我向学校辞去了系主任职务，在卸任系主任之后就成立了研究所。最开始是我们校长希望能够成立研究所。当时的校长叫何仲怡，他是从美国哈佛大学学习回来做院长的时候提出了这个想法。第一次提的时候我还在做系主任，我对成立研究所也很感兴趣，但是如果同时做系主任，同时又弄这个好像不一定合适。所以等我把系主任辞掉，他再次提出来想要我做，我就答应了下来，这样就名正言顺了，不然不仅时间安排不过来，群众也会有意见。办研究所要有房子，要组织人，别人会认为我们近水楼台，还是会有一些看法。所以我是担任了1983~1989年的两届系主任，后来主动辞掉了，有一部分原因也是为了研究所。我还主动推荐了其他同事去做系主任。

研究所基本靠我们自己的力量建立起来，刚成立的时候条件很简陋，也没得到什么经费资助。我们成立研究所主要是为了做设计，做设计参与人多，比较需要房间。学校里的支持就是给了我们系里面的两间房，就在建筑主楼的顶楼。那时候画图还用图板，有房间才有条件画图。但空间还是很紧凑，为了方便大家画图，走廊上都摆了桌子。所里成员以研究生为主，最开始是王奎仁、孙一民这一批人。那时候还比较热闹，人也比较多，大概有十几个人，走廊也比较宽敞，我们所买了乒乓球台，大家有空一起打球。我还记得乒乓球是王冰冰打得好，马英后来也学得不错，我也挺支持他们打乒乓球，可以锻炼身体。我们那时候都是有设计任务，研究生主要就是完成设计，也搞一些调研，大家基本上是从早到晚都在所里学习、做设计。有时也会各自做方案，到了一定时间，聚集到一起来讨论。所里机构比较简单，成员也以老师带研究生为主，此外就是有一个行政秘书，再没有其他人了。系里的工作没有了之后，我就一心地辅导研究生和做设计。管理研究所和做系主任有很大的不同。做系主任，有些烦琐的事情你不得不管，实际上不应该是系主任的事。评职称当然需要系主任多做些工作，可以为老师们去争取。但是像分房子、争福利，甚至家庭闹矛盾这些事情也找系主任。这些事情与学术无关，处理起来对我来说很伤精力，但是做研究精力相对就集中，所以我可能还是更适合做研究所的工作。

研究所讨论方案

研究所成员合影

1996年建筑研究所留影

理论结合实际的体育建筑设计之路

147

我们研究所最早叫"建筑研究所"，后来其他教研室也先后成立了一些研究所，包括城市设计、环境、建筑理论，我们要和其他研究所区别开来，就要冠个名，改成了"大跨建筑研究所"。1990年代初的时候设计任务比较多，我们同时有做速滑馆、康乐宫，还有大连和青岛的一些体育馆，设计一直没停，工作量没有减少，成果也比较多。后来由于实际项目比较多，研究所队伍也不断壮大，我们就往南发展，将工程范围伸展到了惠州、深圳等地，做了惠州体育中心、深圳大学生运动会的大学城体育中心、广东外语外贸大学体育场和体育馆等项目。

到了2002年的时候，我就退了下来，没有再做所长的职务了。系里边就让刘德明做所长，李玲玲和罗鹏做副所长。刘德明是哈工大建筑77届入学的，后来毕业留校，又到美国麻省理工学院访问学习，学的城市设计。回来之后他要读博士，就到了我们研究所。他后来带学生、做研究、做设计的主要方向是生态型大空间公共建筑，还有轻型结构、地域适应性大跨建筑。李玲玲是以大空间公共建筑的发展趋势及设计策略为主要研究方向。罗鹏研究得比较多的则是体育建筑设计程序与方法及大型体育场馆动态适应性设计对策体系方面的内容，对体育建筑的功能优化、提高全寿命周期内的功能活性也做出了积极探索。研究寒地建筑的人比较少，学校到意大利、英国交流教学，刘德明代表学校出去参加国际活动比较多。他们后来的工作我没有介入，他们自己也把研究所做得有声有色，算是发扬光大了。他们后来又做了不少设计，基本是坚持了工作室重视功能技术的传统。当然，形象方面也要重视，因为现在投标，形象不好通不过。

效率和品质的平衡——黑龙江速滑馆

我们做黑龙江速滑馆的时候是1994年，当时哈尔滨想要承接1996第三届亚洲冬季运动会的举办权。哈尔滨原来有个速滑场，但冬天太冷，想要在那个地方建速滑馆。理论上这种国际性大型运动会的体育设施会需要4~6年的设计和建设时间，但是1996年这届有个特殊情况，就是亚东会原先的承办国由于某些原因，在时间过半后交回了承办权。我们国家接手以后，筹建时间已经只剩下2年，所以速滑馆的建设时间非常紧迫。

后来筹备的时候，黑龙江省政府没钱。省长说，没有钱借钱也得建，就召开各级会议，向各个部门借钱，这样才把这个项目落实，把原来的露天场所变成室内场馆。当时有两家单位来做这个方案，我们和省设计院各做一个。后来因为我们的方案做得比较好，就选择了我们的方案。当时虽然时间很紧张，我们还是花了很多精力做前期的研究、分析、比较和优化，还是希望能给社会、群众和学生交出一份满意的答卷。参与人员也挺多，最后建成方案的主要参与人员有王奎仁、孙晓鹤、陈惠明、王哲、梅晓冰、周宏年等人。除了后来实际建成的方案，还做了其他两三个方案，郭恩章老师和那几位从麻省理工学院回来的人都参加了，有圆筒的像飞机的、有扭壳的，这些方案都做了建筑模型，花费不少精力。这个速滑馆的规模比较大，跨度近100米，长度接近200米，在亚洲也算是大型场馆。由于它是在原来室外速滑场的基础上改建的，由平面的场地突然变成立体的场馆，外部环境变得比较紧张。为了缓解这个矛盾，需要单纯一些的建筑体型，以求得建筑与环境和谐相处。因此，多方案比较之后，我们选择了扁圆形的筒体，两端各接了近四分之一扁圆，形成一个比较收敛的形体，并且在6米的标高上，用竖墙和附属用房截断圆弧走势，建筑体量显著缩小，缓解了矛盾，带来几分宽松感。

设计中我们始终追求效率和品质的平衡，要经济、施工便利，又要空间品质、形式特征突出，也挺有难度。最终方案主要考虑用网架结构，施工周期短，空间效果也不错。那时候网架还是比较新颖的结构。我们采用工厂制作、现场拼装的双层钢网壳，1.6万平方米的屋盖仅仅用了三个半月的时间就完成了架设。屋面则采用彩色钢板，在现场压制成型，五个月完成施工，从而为后期的设备调试留出了两个半月的宝贵时间。因资金有限，很多技术都有困难，包括管道问题都颇费周折。速滑场原来就是露天的，后来只是加了个屋盖，所以管道要从结构底下穿，就比较麻烦。很遗憾我们当时考虑的天然采光在施工中被取消了。在我们原来画的图、《建筑学报》上发表的文章里面，屋顶都有采光窗，但是施工指挥部的负责人可能跟屋面板厂家商量后嫌开窗麻烦，施工上有难度，也没有征求我们的意见就取消了天窗，等我们发现问题的时候已经晚了。后来没办法，我们就要求在色彩上做点变化，所以最后屋顶上蓝白相间，那个蓝色就代表采光窗。这个修改没征求我们意见，和我们原来的图纸不一样，所以有时候施工中施工人员乱来，我们也很气愤。后来又有一次修改，本来应该给我们做，但当时他们的负责人想省点钱去盖宿舍，所以后面的修改没要我们参与，而是找了其他社会上的人做。这个项目我们费了很多心思，后来很多想法没有被贯彻，每每想起，都让人唏嘘不已。

黑龙江速滑馆现在成了省里的冰上运动基地，日常用途还是以运动员训练为主。我们的设计也考虑了日常的使用，速滑馆仅靠速滑比赛和训练难以充分利用空间，我们将主要场地进行大型展览的功能需要也考虑在内，并在跑道内侧布置两块冰球场，提供冰球运动空间。此外，速滑馆的座席数比较少，只有2000座，如果简单地围绕着场地布置，会显得比较空，而且观众要绕行这么远的距离去找座位也不是很方便，于是我们将2000座席设置在一侧，不仅节约空间，另一侧空间也可以作为预留，将来如有增加座席需要也比较便利。速滑馆建成后实际利用率还算可以，也举办过大型展览，连门厅空间都得到了很好的利用。最近去那里看，发现门厅空间被利用来打乒乓球，之前并没有想到这个用途，但也说明这个空间使用的灵活性。

对于中国速滑馆的建设，我有些看法，我认为是建设过多。速滑馆比一般的体育场馆内部空间大（跨度80～100米，长度近200米），投资高，日常运营维护费用也比较高，主要用于速滑比赛和运动员训练。由于运行成本高而很少对群众开放，是使用率普遍偏低的场馆类型。从国际情况看，不少承办过冬奥会、大学生冬季运动会和亚洲冬运会的国家，并没建设速滑馆也圆满完成了承办任务，说明速滑馆并不是承办冬运会的硬性指标。黑龙江速滑馆的建成，开辟了亚冬会速滑比赛在室内进行的先河，同时这座速滑馆也是世界上仅有的5座速滑馆之一。近十几年来，

黑龙江省速滑馆建成照片

黑龙江省速滑馆现状照片（侯叶摄于2015年夏）

黑龙江速滑馆内部现状照片（侯叶摄于2015年夏）

加拿大、荷兰、德国、挪威、美国和日本等国家只是各建了一座速滑馆，而我国从20世纪80年代后期起先后在北京、哈尔滨、长春、沈阳、齐齐哈尔建起了5座速滑馆，几乎与国外的总量相当。此外，我国尚有其他城市在积极筹建速滑馆，甚至酝酿修建更大的兼容冰上运动的室内体育场。我国冰雪运动普及程度和竞技水平都还在前述几国之下，国民收入不及其十分之一，速滑馆建设却超过这些强国，显然缺少相应的社会和经济基础。

就国内情况看，争建速滑馆和室内体育场的省市，经济基础并不雄厚，和广大职工切身生活福利相关的工资调整都因为没钱而迟迟不能兑现，筹措建设速滑馆资金也十分艰难，说它"捉襟见肘"、"大手出牌"未必言过其实。何况中国速滑运动开展并不广泛，没有必要修建那么多速滑馆，真正要用的话，建一个小规模的冰球馆就行。速滑馆中间那么大的场地都空着，平时使用起来造冰等开支也比较大，给群众用也用不起。几十年前建成的北京速滑馆至今还没作过速滑使用，亚运会的时候变成了一般的训练房。北京速滑馆在设计上也不太合理，它把附属用房放到大跨内部，增大了整体的结构跨度，也造成了空间的浪费。从我个人的观点来看，看台底下的房间，最好不要放在大跨度空间里。十多年前建成的黑龙江速滑馆在亚冬会后的日常使用也没达到饱和状态。但是各省都要争建速滑馆，黑龙江有了，那吉林、辽宁也都要有，这种攀比思想就很不好。因此，中国的速滑馆建设发展畸形，没有必要，相关省市实行资源共享来举办国内外比赛任务，将是值得探讨的方向。

黑龙江速滑馆后来也得过很多奖项，如黑龙江当代优秀建筑

黑龙江省速滑馆工程获中国建筑学会"建筑创作奖"

1996年中国建筑学会授奖留影

1996年中国建筑学会授"建筑创作奖"

陪同卢济威教授考察黑龙江省速滑馆

设计奖、中国建筑学会第二届建筑创作奖、新中国成立六十年建筑创作大奖提名奖，并入选了《中国现代美术全集》建筑艺术卷。国内外的一些专家来哈尔滨的时候我也陪同他们去考察过，像同济大学建筑系主任卢济威教授也来过。我跟卢济威教授的相识源于当年做系主任的时候一起参加学术会议，印象比较深的是去香港大学参加的一次系主任会议，那是一个开放式建筑教育的研讨会，我们是八个院校的系主任一起去的，除了卢济威，还包括东南大学的鲍家声、清华大学的高亦兰。在香港大学开了几天的会，大家也交流了很多观点。我们几个系主任通过这些会议活动就互相比较熟悉了。

真实和创新的结合——哈尔滨梦幻乐园

在做速滑馆的同时，我们也做了哈尔滨梦幻乐园（辰龙康乐宫）。这个项目建在哈尔滨高新技术开发区内，这个地方原来是个机场，后来随着城市的发展成为市区版图中心。这块地就在街角，基地东侧、北侧临街，西侧与同期建成的新加坡大酒店相连，并共用一个近万平方米的大型广场，再向西还有酒店的二期工程。所以这一块未来将会发展成集旅游、休闲、展览、购物、餐饮、商住为一体的城市多功能中心。哈尔滨梦幻乐园由戏水大厅、保龄球等娱乐厅及餐饮服务三部分组成，建筑面积3万多平方米，其中的戏水大厅就有近3000平方米，是一种新型的公共建筑，既有文娱建筑的特点，也有体育建筑的特点，算是"休闲体育建筑"的种类。

后来国内这类建筑也比较多，而在当时这个还很新颖，所以拿到这个设计任务的时候我也很兴奋。当时设计周期很紧张，只有8个月，我们1994年2月开始设计，4月破土动工，然后一边施工一边设计，到10月份结束。我们在设计中遇到不少新问题，也时有中途改变用途的情况发生。这个项目设计时间虽短，我们做的思考却很多，思考问题的时间甚至多于设计操作的时间。

我们对于这个项目的一些想法也是受到了加拿大西埃德蒙顿一个游乐园、购物中心的影响。我之前在加拿大调研的时候，看到过一个由一对沙特富豪兄弟投资修建的购物中心，里面功能设置很丰富，有商业、滑冰场、室内俱乐部，还有水上乐园。我们第一次去加拿大路过该地时，据同行的人说这里很快要修一个大购物中心。后来我们再去的时候这个项目已经建成，我们去看了下，还在那待了半天。当时水上乐园在加拿大也算是新鲜事物，很受欢迎。但是它的结构就是一个简单的长筒，空间比较浪费。

我们做哈尔滨梦幻乐园的时候，想要营造一个既有休闲情趣的空间氛围，同时也要经济合理。我对其空间的预期主要有两方面：一是要用玻璃面，这样就能利用上太阳能，节约能源；二是空间不要太大，因为室内设施的水滑梯是斜坡，不需要那么多空间。这是我们考虑的空间因素。另外一个是平面因素，我们就考虑用什么形状比较好。当时其他的水上娱乐设施都是方形。西埃德蒙顿的是长方形，日本比较有名的在1993年建成的Ocean Dome（海洋巨蛋）也是长方形。我觉得长方形的平面、空间都不是太好，最后就不用长方形，而用喇叭形。于是，我们把平面设计为喇叭形，又把高度降了下来，这样就节省了很多空间。大

哈尔滨梦幻乐园街景

哈尔滨梦幻乐园远景

哈尔滨梦幻乐园夜景

哈尔滨梦幻乐园内景

理论结合实际的体育建筑设计之路

面积玻璃也朝向太阳，阳光能进来，视线也能够看出去，很开阔。这是我们一直觉得很好的地方，因为完全是根据周围自然环境来进行考虑的——旁边是街角，不能太高；室内空间要节省；考虑阳光，可吸收热能。理性呼应环境之后，建筑形体就不一般化，到现在我们都觉得这个设计比较合理。

当时东南大学的鲍家声、钟训正，还有上海华东院的蔡镇钰都来参观过。一开始他们来的时候还没有修好，门都还没有。他们一看吓了一跳，搞不懂这是什么东西。修好之后，他们还是比较认可。那块地后来属于万达，万达想在那块地上修商场，就把它拆了。拆的时候我们并不知道，根本就没告诉我们，让人觉得非常遗憾。

校园体育馆的探索——哈工大体育馆

1990年我们进行了自己学校的体育馆——哈工大体育馆——的设计。当时建设资金比较紧张，主要是邵逸夫先生捐赠的500万港币，然后学校找上级机构拨一些，哈工大自己出点，这么筹措的建设经费。因此需要设计得简朴节约一些。体育馆的规模不大，主馆6300平方米，篮球房1200平方米，观众席也就3000座。当时国内也只有一两所高校新建了体育馆，我们也没有什么相关参考，对校园体育馆的功能怎么安排，使用有什么需求，新技术该如何应用等方面都比较模糊，只能自己去探索。我们的想法是希望用经济合理的新结构，并把形体和空间结合起来。最后我们

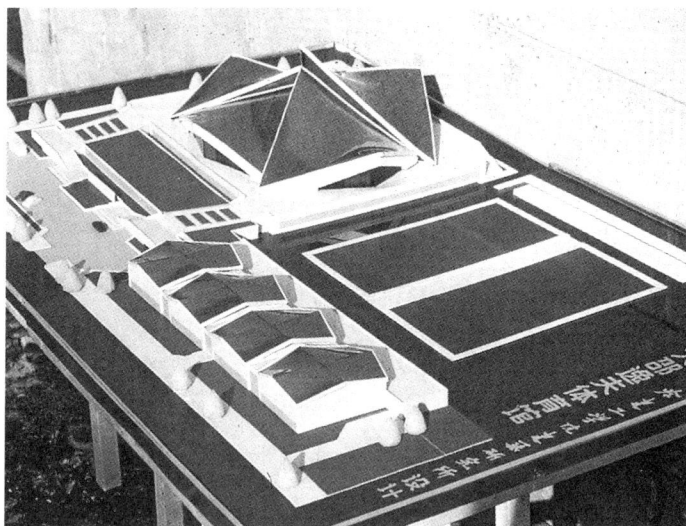
哈工大体育馆模型

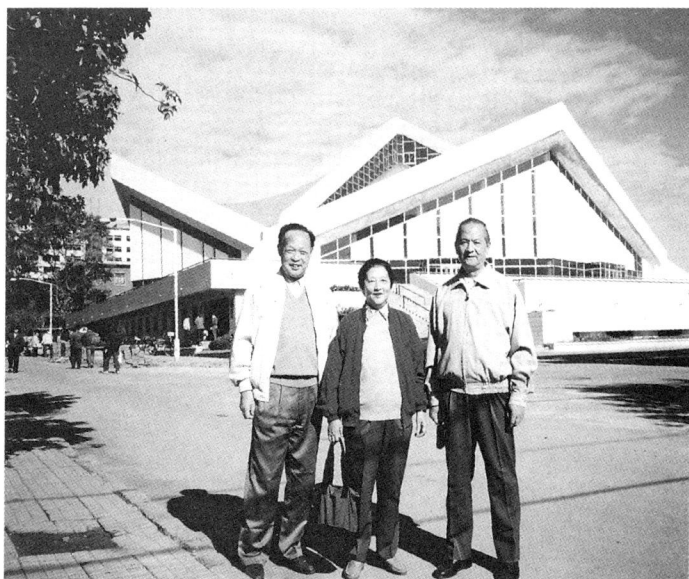
陪同熊明设计大师夫妇考察哈工大体育馆
（左一为作者，右一为熊明）

理论结合实际的体育建筑设计之路

设计了起伏的双曲抛物面扭壳结构，用四片扭壳组合，真实经济地反映了中型馆的空间特点，利用其交错形成的高差开设采光窗来解决采光问题。我们还将二层的观众席设计成楼座，将原来无法利用的席下三角空间释放出来，变成观众休息厅。哈尔滨冬天很冷，室内外温差有时候达到五六十摄氏度，有一个室内的休息和如厕空间会好很多。体育馆的空间关系在没有做出模型的时候很难猜测，如果空间问题没解决好，屋顶底下就可能走不过去人，所以我们还做了模型来探讨空间关系。

高校体育馆和社会体育馆的功能使用需求不一样，除了体育、集会、演出的需求，还要有学生上课、闲暇锻炼的需求，并且后者才是最重要的需求。所以我们尽量增加活动场地的面积，简化附属用房，并利用活动座席的设置来扩大场地面积。最后我们的场地面积做到接近4500平方米，占总面积的60%，可以容纳800～1000人次的锻炼活动和9～10个班级的体育课。这个体育馆在当时的国内高校体育馆中比较先进。后来北京市院的熊明总建筑师来哈尔滨的时候，我们也陪他去看过，评价还不错。

城镇体育馆的探索——汉中体育馆

1991年我们参加了陕西汉中体育馆的全国设计竞赛，后来中标，我们的方案也被选定为实施方案。这个体育馆原属于与汉中市毗邻的南郑县，建在汉水南岸南郑县的大河坎镇。这个地方算是城乡结合部，与汉中市隔了条江，有条大桥连起来，又与南郑县城隔了十公里。后来大河坎镇被划归到汉中市管，这个体育馆就叫汉中体育馆了。

城镇体育馆的功能需求中最主要的是群众的文体生活需求。我们的设计构思也注重场馆的多功能设计，注重建筑效益；希望能通过扩大比赛场地、解放席下空间、合理安排经营用房这三种方式，解决中国体育馆建设使用中投资大、用途少、效益低的问题。通过这些措施，我们基本达到了提高体育馆利用率1~2倍的预期。同时，也希望在经济节约的基础上体现出体育建筑强劲有力的雄伟气势。为此我们用扭壳的组合屋盖来塑造新颖的建筑形象，象征南郑出类拔萃、独占鳌头。另外我们想要营造一个良好的空间氛围，和我们之前设计的哈工大体育馆的基本想法类似，也是采用中庭采光。不同的是，这次是用了几道梁解决它的采光。

其实用中国的施工技术来做体育馆的大跨结构基本都可以满足。体育建筑施工，金属安装都是专业队伍，也不是农民工，有时候都是要造船的、搞钢结构的经验成熟的技术工人来做。比如鸟巢体育场双曲空间结构的柱子，就是在大连造船厂找的工人，一般人做不了。通过这些项目，技术工人的技术也得到了提高，技术工人也是需要通过一些较高难度项目来吸取经验。所以体育场馆的这些结构，中国现在的施工技术都能做，就是有时候做得笨一点。设计得比较精细的结构，施工队伍嫌费事，给简化了；杆太细怕不安全，就加大断面。北京有一个体育馆，外国人一看很奇怪，为什么搞这么粗的杆？这就是施工控制得不够精细，工人怕出事，干脆就做粗一点。这倒不会出事了，可是就不会太美观。对于中国施工技术，我还是希望能够做得更精细一些。

陕西汉中体育馆
外观

汉中体育馆的采
光梁

04

新时期创作理念——对环境的重视，对场境的延伸，对场所的关注

惠州体育馆

后来我们的项目分布的区域更广了些，先后设计了大连理工大学体育馆、青岛大学体育馆等十多项大中型工程，并参与了广东惠州市体育中心、贵州省兴义市体育中心等工程的设计投标。在这些工程中，对环境注意得比过去更多了一些，也更注重和地方特点适当结合的形象表达。

广东惠州体育馆是我们花费了很多心血的一个项目。我们从1993年就开始做投标，设计任务几度调整，用地规模几经改变，一共经历三次竞标，到了2000年底终于再次确定我们的方案为实施方案，于2004年终于建成。该项目过程中反复了很多次，持续

了近十年的时间。惠州体育馆的设计对我们来说是一次马拉松式的耐力和耐心的考验。尽管南北两地相距很远，困难多多，但我们始终没有放弃，硬是坚持下来，终于将设计图纸变成建筑实体的成果，可谓路漫漫，心更诚，换来正果。

惠州"半城山色半城湖"，是个典型的山水城市，风景很优美。这个项目所在地又是惠州市东江北岸经济开发区的城市绿色走廊之中，空间比较开阔，用地率仅仅20%，具备创造园林化环境的条件。我们考虑得比较多的是建筑和环境的结合。同时，惠州体育馆旁边就是广场，我们想给城市群众的体育锻炼创造一个优美的环境，因此我们在总体布局上采取分散布置的策略，场馆之间没有设置连接。3万平方米的建筑打散分成了五个单体：主比赛馆、训练房、会议厅、两座商服用房。主比赛馆设置在场地中央，两侧环绕半弧形商服用房，训练厅和会议厅居后分设左右，作为独立子项布置在开敞空间里。建筑与外部空间相互穿插，彼此烘托，相映成趣。原先基地有高差，我们主张将建筑与起伏的地形结合，结果后来当地政府决定把地铲平了，那就只能在平地上进行空间组合了，如果有起伏的山地，空间环境会更有趣味性。

惠州又被称为"鹅城"，我们在形体塑造上希望用合理的结构和惠州的别称相呼应。所以我们结合结构技术来考虑建筑形象，设计了三片网壳的组合屋盖，屋盖随内部空间的升落而起伏，两侧的屋盖微微上扬，形象上和展翅的天鹅有几分神似。此外，两侧半弧形的商服用房也配置了白色的薄膜雨棚，像活泼的幼鹅，与展翅欲飞的主体育馆有形象上的呼应。体育馆的整体环

惠州体育馆实景

惠州体育馆的主馆造型

惠州体育馆进行展销会情景

理论结合实际的体育建筑设计之路

境氛围十分欢快、祥和。

这个项目也延续了我们一贯的多功能设计理念。比赛厅共有6000座席，其中活动看台就占了4000座，接近六成。活动看台收起来之后，中间的场地面积可以达到45×75米，几乎是比赛厅面积的60%。这样可以布置4块篮球场地，尽可能地为平时的群众健身提供较多的活动场地。40×40米的训练馆可以提供两块篮球排球场地，也可以提供千人座席的比赛空间。同时，训练馆和主馆分离，通过过道和附属用房联系，可分可合，有利于单独开放使用。主馆尽量多地做了自然采光，包括高侧窗和屋顶天窗，有利于节能减排和减少日常运营开支。惠州体育馆建成后，受到市民的青睐，成为市民比较喜爱的一处城市空间。主馆也做过一些文艺晚会、展销会之类的用途，基本实现了多样化的经营策略。

大连理工大学体育馆

大连理工大学体育馆是2000年进行的设计，2003年建设完成，建成后也获得了全校师生的普遍好评，并引起了多家高校的关注，后来也获得了中国建筑学会新中国成立六十年建筑创作大奖提名奖，也是我比较满意的一个项目。它在结构上和惠州体育馆类似，屋盖结构依建筑构思的空间形体用4片壳体组织而成。壳体相交处的周边构件被做成格构式的交叉拱架突出屋面，形成比较独特的采光天窗。建筑形象比较有特色，比赛厅的自然采光效果也很好，天窗和侧面的玻璃窗为内部空间提供了很多光线，白天使用基本不用开灯，这样为节能做出了贡献。建筑造型整体轻松活泼，界面比较通透，气势也很奔放，能够象征青年学子朝气蓬勃、意气风发的精神面貌，展示健与美的建筑内涵。

这个体育馆作为当时国内高校规模较大的综合性文体设施，主要考虑为校园生活服务，兼向社会开放。比赛厅有3600个观众座席，其中设置了2000多个活动座席，使得中央场地在活动座席完全收起的情况下最大能达到42×55米。拥有25×50米标准池的游泳馆和40×40米的篮球房连成矩形，位于场地南侧，和主馆呈"L"形

大连理工大学体育馆

大连理工大学体育馆
室内

理论结合实际的体育建筑设计之路

167

布置。其他功能用房，像体操房、体育教研室、保龄球房、乒乓球房、空调机房、水处理间等就设置在平台下的一层和负一层房间。所以主馆的大空间结构主要覆盖比赛大厅，比较经济节约，空间效果也比较纯粹。建筑体量分为一纵一横两个部分，主馆又用方形基座和椭圆形主体来减少体量感，可以缓减校园中紧张的空间环境，让环境取得一定的宽松感。

淮南文化体育中心

淮南文化体育中心是我近年来比较重点关注的一个项目。开始是淮南市要在淮南市朝阳路和广场路交会点的西南角做个体育馆，用地将近10公顷，设有体育馆、训练馆、会议厅和休闲文化广场。结合淮南市的具体情况，我们反复思考推敲，最后确立以功能复合、造型简约、内部空间回归自然的基本设计理念来展开设计。一开始我们是贸贸然去参加了体育馆的投标，不知道淮南市的顾问里就有某大学的老师，他们也在投标。最后我们的博士生罗鹏去讲方案，他们领导还比较欣赏。另一家虽然有老师是该市顾问，但是可能他们找研究生做方案，把关没把好，结果领导考虑之后还是决定用我们的方案。项目建成后，我们做的市民广场使用率挺高，清晨傍晚都有大量人群来此锻炼，或者进行各种活动，大家各得其乐。按照中国现在的国情，大部分人还没有条件、没有习惯为日常的体育锻炼每天投入几十元的消费，免费或者较为低价的体育设施还是很受群众欢迎。所以我们做体育建筑总体布局的时候，在有条件的情况下，都会尽量多设置一些室外广场空间，为市民提供一个较好的休闲运动环境。

淮南市体育馆是2002年开始设计，2007年建成。在2007～2010年间，淮南市又做了新的体育中心，叫淮南市奥林匹克公园，在那里另外做了一个体育场。奥体公园规划中还有体育馆、全民健身馆、五星级酒店，但后来都没有建，都只是意向，就建了那个体育场。那个项目的形象比较具象，主要是甲方要求。后来也引起了一些争议，但是其实无所谓，因为这个形象是合理的。体育场的造型以橄榄球为设计母体，选用红褐色为建筑主色，采用穿孔金属板围护观众厅，解决通风、采光的同时，塑造出柔和、优美的内部环境，和屋顶的两片椭圆形的屋盖一起形成刚劲的围合环抱，与体育运动的特质和橄榄球的设计主题相结合。体育宾馆也是甲方要求要做成像乒乓球拍。我们就设计得像个乒乓球拍竖起来的样子，形象和里面的功能也契合，球拍面上一个个的圆点就是房间的开窗，所以也不能说不合适。当然也有人议论，说这个有些太具象，我看具象也不见得就一定不好。我们为这个项目花了不少精力，还在全国请了评委，甲方要我们给提些评委名单，我们就给建议了，邀请了上海院的魏敦山，西南院的黎佗芬，合肥工业大学建筑学院的汪正章，另外在广州也邀请了专家，北京也邀请了专家。这个体育场后来也是几经波折才得以建成。

淮南文体中心
体育馆

淮南文体中心
体育馆内景

淮南奥体中心
整体规划设计

往事琐谈

05

原则的坚持
——未完成的
一些项目

在多年的设计实践中，也有些项目没能进行下去。当年我们在山东黄河出口的某市有个项目，当地体委和市委的领导亲自来了哈尔滨，我们接待沟通后，就把那个项目给我们做。但后来他们希望我们给些优惠，少点设计费。我们的设计费是按国家规定收取的，跑那么远，来回路费开支也很大，没有办法答应他们的要求，后来就没有做下去。还有山东某大学新校区的体育馆项目。校方没有组织投标，而是直接邀请，委托我们做体育馆，委托何镜堂院士做图书馆。但是后来跟他们校长谈了之后，他们提出希望优惠设计费，不按照国家的规定收取。因为按国家2%、3%的标准收费已经比较低了，再低就没法做了，后来这所大学的体育馆我们也没做下去。有些项目谈得挺好，后来在设计费这块压得太低，我们觉得不值得就没做下去了。在我的经验里，大部分甲方都还可以，但也总有几个像这样压设计费的。遇到这样的情况，我觉得还是要坚持原则，我们做设计不是私人行为，我们按国家的规定收费。对于整个行业来说，也需要从业者们摆正态度，避免形成恶性竞争，让整个行业在良性的轨道中发展。

7

老骥伏枥，奉献余热

01

评判中的学习
——
频繁的
评委活动

"评"与"学"结合的评委工作

1990年代末以来，我逐渐多了很多做评委的机会。当然这些评委都是临时的，组织单位发来了邀请函，我一般能去就去，也当作是一种学习。这些年算下来，我参加了不少评标活动，有北京的、天津的、上海的、南京的、广州的、深圳的、东莞的，湖北、湖南的我也去过，贵州、新疆等西部地区我也去了。广州、深圳的我参加的相对比较多一点，深圳有几个区的设计竞赛，我也都去评了。

我做评委机会比较多，有时候也有另外一个层面的原因，就是没请我们参加投标，就只能找我们来做评委了。我做北京奥运会的评委，也是奥运场馆投标基本上排除了我们，参与投标的单

老骥伏枥，奉献余热

位像北京市院、上海市院都不能做评委，只能从外地找，就找了我去做评委。

每次评标的评委互相间基本上是既熟悉又不大熟悉，大家会上的发言时间都很短，所以评委之间也没有太多交流。国内的评委都互相比较熟悉，国际上的评委却来往不多。从评委本身的关注点来看，国外的评委比较注重创新，不喜欢一般化的方案。国内的评委比较实际一点，经济技术因素考虑得多一点。像评国家体育场的那次，13个评委，开了半天会，每个评委就没有多少时间发言。有的评委提出来，鸟巢的方案和中国的传统审美格格不入。库哈斯、黑川纪章他们就问什么是中国的传统审美，要国内评委解释，国内评委也解释不了。但一般最后中选或者是排在前面的方案，设计理念都还比较先进，有想法，会比较有新意。从这一点来看，国内的设计水平还稍显低了一些。

坚持公正客观的评审方式

我做评委的时候，一般只参与业务较熟悉的项目评审，评审过程也比较坚持要认真负责，强调公平、公正。因为本身有多年的工程经验，我很理解设计人员的辛苦。设计人员花了很多精力做设计投标，送来方案，评委不公平评判这个方案可不行。所以评审过程中很重要的一点是不能带有倾向性，要尊重事实，要客观公正。有一些小的项目，或者是省里的项目，有时候评方案指向性比较明确。这个我不太喜欢，不应该这样，还是应该要客观。尤其是在参加者有国内、国外，也有当地、外地的区别的时候，不能根据地域不同戴有色眼镜。也有一种情况，有的单位去跟个别评委走动，甚至给人家送评审费打点评委关系。那显然不公正，人家忙了半天送来方案，你把人家给耍了。一般大一些的工程评审，评委态度基本还是比较公正。北京的、天津的、上海的、南京的、武汉的评标，组织得都还不错。像武汉三角湖的体育中心竞赛、湖北省体委组织的光谷网球中心竞赛、广州白云山的体育馆竞赛、深圳的体育中心竞赛，这些项目的评审，都还是采取了较为公正的方式。我参与过的评审受行政干扰的很少。我做了多次评审的组长、主席，一般都是让大家根据个人的看法发表意见，充分发言，各抒己见。多说些方案优缺点，最后形成一个意见，再投票，最后达成个结论。最后结果也还是会尊重评委的意见。

在评审过程中，我觉得有些评审办法存在问题，有的地方用打分的方式来进行方案的评比。细想一下，这并不科学。比如说，评审某方案有5个评委，其中一个评委对支持的方案打很高分，对不支持的其他几个方案打很低分，这一下就把另外几个方案贬得很低。那么，这一个评委就可以顶替几个人的作用。所以我是提倡不打分，只投票，一个人只有一票。用一人一票的办法能反映多数人的意见。我记得当时在福建的福清市的一个项目，因为当地不懂这些评估办法，请一家小评估公司提了评审方案，然后他们把方案拿给评委看。我是反对的，我就直接提出来这个评审办法不科学，打分不合适，不能按照打分的方法来。后来在南昌的一个评审会上，我也提出了这个问题。我还是觉得一人一

深圳市游泳跳水馆建
筑设计方案国际竞赛
评标评委合影（左二
为作者，右一为魏敦
山，右二为马国馨）

深圳市宝安体育中心
规划与建筑设计方案
评审会讨论（右一为作
者，中间为矶崎新，
左一为魏敦山）

票的方式比较公正，坚持这个是对的。

印象比较深刻的是我在1998年夏秋短短3个月的时间里参加了4项体育场馆设计竞赛评审工作。这4项体育场馆包括1.3万人的广州新体育馆，8万人的广东奥林匹克体育场，苏州体育中心的3.5万人体育场和6000人体育馆，以及湖北的武汉体育中心的97公顷总体规划和6万人体育场。依个人之见，这4项工程设计竞赛组织得比较好，设计要求明确、提供设计条件完整、给定设计周期实事求是、评审办法比较科学、保底费高低得当、参赛单位选择慎重，这些是保证设计竞赛健康开展和获得良好成果不可忽视的重要因素。纳入设计竞赛的体育场馆，一般是规模较大、功能和技术比较复杂的项目，想要获得有创意的设计方案，需要相应的设计周期作保证。上述4项工程设计竞赛给定2~2.5个月设计时间比较切合创作实际，效果较好。相比之下，有些场馆设计竞赛急于求成、走形式，只给三四十天设计时间，去掉后期成图和模型制作，留给方案构思时间就没有多少了，也就很难出现优秀的方案。同时，合理的评委组成和科学的评审办法也是保证竞赛"不走味"的关键。上述4项工程设计竞赛评委基本都由专家组成，且建筑专家占多数，这有助于避免行政干预和过多涉及技术细节，使评审工作可以把握大局。方案作者面对评委介绍方案，回答质疑，也有助于评委尽快了解方案，抓住重点，消除疑惑。有些组织单位就要求投标人和评委之间不能见面，好像这样就能避免人情因素，实际上，建筑这个圈子不大，每个竞赛参赛单位又有限，方案出自哪家，评委差不多都能看出个大概，保密意义并不大。所以我一般还是赞成方案作者来介绍一下方

老骥伏枥，奉献余热

案，回答一下专家质疑。此外，这4项工程多采用评出两三个优秀方案，为建设单位下一步商业谈判和领导选定留有余地，这也是我国目前比较好的办法，既能保证专业水准又便于领导酌情选定。

设计进入市场并推行竞争机制，可使设计师在竞争中得到锻炼、提高设计水平，这是好事。然而，如果竞赛组织不严密，滥用竞赛形式，不仅得不到高水平设计方案，也会有损公平竞争精神，扼杀设计人员的创作热情。所以，设计竞赛本身是个好主意，但如果想要成功，还得有科学合理的组织形式、公正客观的评审方式作保证。

创新与实际相结合的评审原则

这么多年的评审工作，我一直坚持自己的一点看法，那就是创新和实际相结合。2000年前后，中国体育场馆的建设还是很多的，而且那时候就让很多国外的设计单位也来中国，和中国的设计师同场竞技，给中国建筑师提供了很多实战和学习的机会。像我在1998年夏秋的短短时间里，就在广州、苏州和武汉参加了4项比较大型的体育场馆设计竞赛评审工作，说明举办场馆设计竞赛的频率之高。这4个项目的方案投标与评选原则在当时也比较具有代表性。

这4项工作设计招标时间和对象各不相同，但进入优秀方案行列的却有一个共同特点，即创新意识强，这反映的不只是评委观点的趋同，也是群众呼声和领导意向的趋近。这4项工程中，有3项都是曾经直接委托设计的，但后来设计方案不尽如人意才又改为采取设计竞赛的办法。据了解，主要原因就是创新不足。后来竞赛的时候，4项设计竞赛各有自己的独立评委会，但见解相同，都把创意列为首要因素。后来广州体育馆和广东省体育场竞标方案先后分别公开展出一个月，请市民投票参与评选。其中，对创新呼声最强烈的应属运动员，他们在运动生涯中孜孜以求的就是创新、破纪录、攀高峰、展示人类的创造力。他们要求供其活动的建筑环境充满新意、可得到有益熏陶，则是十分自然的反应。建筑师和建筑院校的师生也积极参与投票，也是普遍推崇创新，不欣赏创意不新、似曾相识的方案。创意新的方案往往存在一些缺点与不足，个别方案甚至欠缺比较大，并反映出作者对体育场馆设计不太熟悉的弱点。但从评审情况看，凡是立意新、构图巧的方案，虽有缺点，但可以修改完善者大多被专家看中，推荐进入优秀方案行列。而各方面找不出多大欠缺，但新意不多，比较平平，某些方面似曾相识的方案则多遭落选。从这4项工程评选结果来看，评委评议、群众投票、领导选定的结果十分一致，创意受到普遍关注，是取胜的关键。

除了创新，另外还有一个很重要的因素就是整体的平衡。体育场馆设计的综合性都是很强的，要求在短短一两个月里完成的方案达到功能、技术、艺术的完美结合，一般不易做到。但是，要求设计方案在功能、技术、艺术三要素之间达到平衡，则是必不可少的前提。像在那4项工程中的优秀设计方案并非各方面都

老骥伏枥，奉献余热

很突出，一般只是在一个或者两个方面比较突出，其他几个方面只是达到基本相称的水准。而一些方案关系失衡，就很难入选优秀方案。比如有的方案造型颇有新意，但结构选型不尽合理或受力交代不清楚，建筑与技术基本关系失衡；有些方案则结构形式先进，但未探索出相称的建筑形式，显得生硬，缺少美感，以致关系失衡；某些方案采用当今相当先进的建筑材料，但结构形式和建筑形象仍以旧面孔出现，体现不出新材料的亮丽质感和轻快飘逸的特性。所以说，设计方案单向突破，对相关要素缺少应有的关注和必要的探索，基本关系失衡，只能以半成品面貌出现，遗憾难免。

这几个场馆后来做得都不错。广州新体育馆和白云山环境结合得很自然，采用了凸显环境、消隐自身的一种做法。广州奥体中心体育场我也是比较认同，它虽然有个飘带，看上去形式比较张扬，但是在主结构上它没有那么做，雨棚还是很正常的一个雨棚，只在收头的地方做了变化，形式就很新颖。广州奥体中心体育场建成后，我和魏敦山院士等人还去调研过，效果很不错。

在这些设计竞赛中，有些国外设计师做的方案比较夸张，不从实际出发，这是我比较反对的。比如说扎哈·哈迪德，她比较理想主义，不考虑实际，广东大剧院就是她的一个典型的夸张作品。她近段时间做的东京世界杯体育场的方案就被否掉了。广东申办亚运会的时候，她设计的主体育馆整个屋面高低起伏，体育馆底下没有座位，都得用柱子支起来。当时她的这个方案，大家也充分讨论过，我是觉得不合适，会花很多钱。当时我们评方案的时候就否定了这个方案。我记得当时北京市院来的评委特意给

广东省奥林匹克体育场评审合影（左二为作者）

广东省奥林匹克体育场考察（右一为作者，左一为魏敦山院士）

我介绍了扎哈，说她在东京设计了新的项目，那个方案强调空间的流动性，楼层会不知不觉地从第一层变成第二层、第三层。但是我说就不能支持这种方案，浪费空间，浪费钱财。当时主管这个项目的是原广州市规划局局长戴逢，他说这个方案好是挺好，但是花钱太多，有点舍不得。一开始定了市设计院的方案，估计后来还是哪个市长支持这个方案，后来也没用市院的方案，是要广东省建筑设计院按哈迪德那个形式修改的。建成后花钱不少，屋盖下面是空的，底下用柱子支着，很不合理，但是就这么莫名其妙地让方案通过，不考虑里头的实际空间需要和经济问题就那么做了。后来在华南理工大学开可持续发展的研讨会的时候，碰到省院的人，我还问，这是当时被否的方案，怎么又做了，到底有没有比较过优越性？省院他们也回答不出来，甚至参加会议的报告内容也没有经济方面可持续发展的概念。有点奇怪的是，扎哈在东京的体育场设计被矶崎新强烈反对，可是矶崎新自己在广州新体育馆投标时做的方案也是高高大大，40多米高，加上屋顶达55米。实际上体育馆不要那么高。当时评委们都觉得奇怪，这是矶崎新做的吗，还是用了他的名字？在那个方盒子上面又做了起伏的小山丘。他做的那个很奇怪，高40多米怎么看球，底下的空间怎么用，观光怎么观光，谁会去那儿喝咖啡，他和安德鲁的想法不一样，安德鲁是压低建筑的体量，和环境相融合。不知道评委会最后有没有把这个意见告诉他，后来矶崎新担任广东宝安体育场的评委的时候也没说这件事。

从一些国际竞赛的评审过程来看，早些年国外的设计理念还是比较先进，他们的设计思路也比较活跃。中国受到过去的束缚比较多，这个也要承认。但是有的时候，国外公司在设计方面也不是太成熟。比如说武汉的光谷网球中心的竞赛中，因为有水面，有一个单位投的方案就做得像莲花叶子一样。可是这个方案的结构解决不了，只是画得好看，我是不能接受这样的方案的。我也曾在淄博的一个评委活动中碰到过一家法国的设计单位，他们的设计方案原来参加过另一个投标，没中标，又拿到淄博去投。这就很奇怪，我很反感这样的行为，当时我就提了出来，希望他们能够改正。

奥运场馆的评审

2002年起我参与了北京奥运会选址论证、奥林匹克中心规划概念设计、国家体育场、网球中心、摔跤馆、柔道馆、天津奥林匹克体育场等6项奥运场馆设计评审工作。我对这些工作也非常积极主动。

北京奥运会选址论证的时候，去看选址现场，要大家提一点看法。我当时提出来奥运体育设施按国际比较好的做法是要和展览结合，一方面是减少投资，建设项目可以少一点，另一方面是以后的利用率也高一点。他们比较愿意接受这个意见。

国家体育场是北京19个新建项目中的首项，承担着2008年奥运会开闭幕式、田径比赛和足球决赛的场馆任务，赛后将为北京市民日常文体生活服务。国家体育场拥有10万人观众席，占地2公顷，建筑面积20万平方米，投资40亿元人民币，是历届奥运会中规模最大的一座，也是北京奥运会最具代表性的场馆和标志性建筑。

国家体育场的方案评审过程比较复杂，评审委员会选了13位评委，国外6位，国内7位。正好方案也是13个。国内的评委是来自北京奥运会组委会、北京市规划局、建设部、清华大学和哈尔滨工业大学的体育、城市规划、建筑设计及建筑结构方面的专家学者，包括国家体委副主任楼大鹏，北京市规划局的平永权，清华的关肇邺等。国外评审的6位专家全部是建筑设计专家，分别是来自法国、荷兰、西班牙和日本的国际著名建筑师。黑川纪章也被请来做评委，北京的竞赛组织单位没请他参与投标，他有些不高兴，来做评委的时候意见比较大。国家体育场的方案评选过程最后还出了本书，详细地介绍了各竞标方案和评标过程。

方案评审用了3天时间，评委们踏勘现场，听取技术审查小组对13个设计方案的概括介绍，审阅参赛设计方案图册、展板、模型，然后各抒己见，比较客观公正地分析和讨论了各方案的优点与不足。方案评审工作由于参赛单位较多，设计文本较厚，涉及专业知识面较广，不可能在短短的三天里将几百人3个多月的心血凝聚而成的成果详细看完，只能就其主要方面努力建立印象。评审重点尽管没有正式讨论，但从各位评委各抒己见的发言中可以看出主要集中在两个方面：一是要有创意；二是要实际，要经济合理。两个方面都要令人满意才能算是好的作品。这些方案中有的脱离实际，有的又没有太多创意。有的方案，包括美国做体育建筑很有名的HOK公司，做得有点脱离实际，花钱也多；有的方案无限地扩大面积，比如墨西哥某家公司的方案，整个屋盖能转，周围附属房间都变成活动的，这样面积增加很多。当时国家投资有限，所以这些显然不合理。还有的设计方案和实际情况脱节，比如日本仙田满做的方案，屋盖可以升降，放下来是座席，升起来是屋盖，这样也有问题——座席和屋盖不能两全。当时就有评委问，下雨的时候，这些观众到哪去？因为座席被翻起来，变成雨棚了。而且那个方案要运输很大的构件，可以活动的结构很大块，很笨重。所以这显然是脱离实际的。还有一家美国公司的方案在雨棚上面做参观廊道，评委们对这点意见比较大，后来我们问他，谁会跑到那里去参观，是去看打球还是看比赛田径？这样的做法就脱离实际需求了。当时北京院的方案是屋顶为悬浮的热气球，到时候升起来，人可以坐在里面观光。效果图是马国馨他们画的，画得挺漂亮，图面表现都不错。当时觉得那个方案有特点，就是现实性还是不太够，在技术上能不能实现还是没把握。还有些方案又比较老套。

在这种情况下，既要有新意，还要符合体育建筑需要的，实际上也不多。鸟巢这个中间凹下去体型，符合体育场馆观众席的高低变化，而且也给人温馨的家的感觉。从这点看，我是支持这个方案的。当然，它的结构实际上比较陈旧，用的钢架是几百年都有的东西。我们知道它在用钢量上会比较费一点，但是费多少当时也没数。所以整体觉得这个方案还是值得支持。最后13位评委进行投票，一人一票，根据票数计算得出前三名来。第一名就是瑞士赫尔佐格和德梅隆公司与中国建筑设计研究院组成的联合体做的"鸟巢"方案；第二名是北京市院的方案；第三名是佐藤综合计画和清华院合作的方案。后来有种说法，说是国内评委没有国外评委多，少一个，要不然"鸟巢"方案就通不过。实际上没有这个问题，当然过程中确实也有些曲折。当时评比结果出来之后，评委会主席要求我们再表个态，再投一次票，确认一下你支持哪个方案。我认为，既然投票票数已经出来，就可以了，为什么还要再确认一下呢？难道确认一下，再给北京市委、给中央汇报这个结果，组织者就没有责任？没有必要。再投一次票，等于否定原来的评审结果。所以我和另外一个评委就没投。所以13票变成11票了，少了2票。就是这么回事，不是后来传说的那个意思。

比较一下这些方案，优秀方案都各有千秋，但从整体上看，似可概括出几点共同之处。其一是标志性强，3个优秀方案，特别是"鸟巢"方案的建筑造型和北京市院的悬浮式活动屋盖在奥运建筑史甚至整部建筑史上都堪称独一无二。它们不是一般意义的推陈出新，而是另一种革命性思路的原创形式，因而有其鲜明的标志性。而鸟巢的建筑造型不仅会为北京奥运会树起独特的形象标志，给世界各国留下难忘的北京奥运印象，而且也有可能为建筑创作开创一条新的思路。其二是内涵丰富，各参赛方案都力求改变人们习见的体育场形象，试图以一种新的面貌出现，给人以惊喜。但有的方案不惜悖离体育场固有的形态而求新，脱离体育场的空间特点和形体，这势必难以表现出体育场的基本内涵。"鸟巢"方案尽管建筑形象出乎人们的想象，令人惊奇，但冷静分析，则可见这个"鸟巢"还是真实地反映出看台的起伏，并保持了外观形体的流畅，对体育场的基本特征并未改头换面，而是艺术地再现。其三是有机结合，体育场建筑体量庞大，功能要求严格、技术含量高，其建筑创作被这些条件规定了只能与结构技术紧密结合，但是结合是否有机则有千秋之别。"鸟巢"方案的造型特点是结构骨架即为建筑外观形象，结构与建筑糅合在一起，甚至区分不出建筑与结构构件之分属。这一点与罗马奥运会小体育馆、慕尼黑奥运公园场馆、蒙特利尔奥运公园场馆以及东京奥运会代代木综合体育馆颇有共同之处，建筑与结构的结合十分有机，只是"鸟巢"的结构形式本身没有这些场馆那么先进和开创意义。其四是探索求实，北京奥运会主体育场提出了一个新而艰巨的设计要求——活动屋盖。这一课题是否可以商榷是前期策划问题，这里要说的是从众多探索方案中可悟出来一点道理。13个设计方案都在开闭屋盖方面倾注了大量心血，提出了丰富多彩的开闭方式：移动式、翻转式、旋转式、拼叠式、升腾式以及翻转与移动混合式。这些探索对活动屋盖技术的发展无疑会有重要的参考价值和推动作用。而从3个入围优秀方案来看，它们的活动屋盖技术并不复杂，相对来说比较简易。鸟巢方案选择使用较多的平移方式；北京市院的方案借用航空方面比较成熟的技术成果——悬浮的气艇式活动屋盖；佐藤综合计画的方案则选用双圆轨迹的旋转屋盖。这3个方案对活动屋盖的探索都比较求实，不事张扬，技术上不追求复杂但求简便可行，得到了较高的评价。而有的设计方案把创作重点投注到活动屋盖上，甚至小题大做，结果并未取得令人满意的效果。可见，高科技并不意味着就是繁复的技术，也可以简便易行。

当时还有一个很重要的问题就是活动屋盖值不值得做。在这个评审过程当中，事先看不到参评方案的文本，后来我一翻看他们的报价，有的把活动屋盖的价格报得很低，有的报得比较高，平均起来，这个活动屋盖要多投资6亿～7亿元。从国际上的经验来看，在北京奥运会之前，国际上还没有已建成的奥运会主体育场用可开合屋盖。蒙特利尔奥运会主体育场虽然有个可开闭的屋盖，但是在奥运会之后将近20年才修起来，奥运会的时候只修出来支撑的斜塔，其他都没有。所以我认为，国家经济实力比较有限，使用机会也不多，奥运会就15天，这15天赶上下雨的机会太

北京奥运体育场投标方案简表

1	HOK sport & Venue&Event Pty Limited，Australia
2	GMP International Gmbh，Germany+Sbp Gmbh，Germany
3	Ramirez Vazquez Asociados，SA de CV，Mexico
4	上海现代建筑设计（集团）有限公司
5	Ellerbe Becket，Inc.，UISA+AEPC Consultants，Inc.，USA
6	NBBJ West Limited Partner Ship，USA
7	骏桦股份有限公司+RAN International Architects & Engineers，Canada
8	日本株式会社AXS佐藤综合设计+清华大学建筑设计研究院
9	天津市建筑设计研究院+香港林同炎设计公司+Kodama Diseno Architects & Planners Heery International，USA
10	法国思构国际设计公司
11	瑞士赫尔佐格&德梅隆建筑设计公司+中国建筑设计研究院
12	北京市建筑设计研究院
13	日本原广司建筑研究所+日本大成建筑设计公司

小，当然个别也有，但是在国际上尚没有因为这个去做活动屋盖的。我提出来这个活动屋盖的问题，和专家们商量，很多专家、领导，包括当时咱们建设部的副部长周干峙，都支持我提的这个不做活动屋盖的建议。可以说当时我提的这个意见，得到多数人的支持。外国评委对中国的经济情况也不太了解，他们也就没讲什么。基本是国内的评委把这个提出来，供建设单位参考。后来经过一段时间的考虑，就决定不做活动屋盖了。这个改变是在我们评审的时期提出来的。后来有两次空间结构会议请我去：一次是天津大学刘锡良教授组织的全国空间结构学术会议，在天津大学开会；还有一次是在九寨沟开全国空间结构学术会。我去了就把评审情况介绍了下。当时结构界觉得，为什么大部分都是外国的方案，中国的方案比较少。在我看来，还是新意不够。但那时

往事琐谈

候3个优秀方案中都有中国建筑师的杰出贡献，这表明国内设计水平已迅速提高，为改革开放的中国争得了荣誉，令人高兴。但是总体来说，中国的设计水平还是不足以压倒别人。

天津市奥林匹克中心体育场是奥运会足球预选赛赛场之一。当时的评标会议我也参与了。那时候投标也不是完全公开。比如说国家网球中心，他的选址在土城，是当时元大都首都的位置。评这个项目的时候，我觉得应该要考虑环境，因为建筑物靠路太近会有问题。当时的评审我记得还有日本的川口卫，这个人是国际空间结构学术委员会主席，比较喜欢中国，天津大学的王晓惠、陈志华都曾在他那里留学，受到他的指导。天大做方案，也比较注重创新。这个网球中心评选的过程比较正常，大家各抒己见，要考虑环境、建筑不能拔得特别高。但是网球中心这个项目就不是公开招标的，有一个招投标公司，也是个别人去联系，有的就同意投标，有的就不让去投。所以这就不是公开投标，要有关系，才能拿到投标机会。

天津市体育中心体育场评标会议（左三为作者）

老骥伏枥，奉献余热

191

评审中的感触

在评审过程中，还是可以发现一些共同的设计趋势，也是大家逐渐比较接受的先进理念。很多值得关注的方案来自不同国度和文化背景，理念也各有千秋。然而，有些构思方法值得借鉴。比如评广州体育馆和广东省体育场的时候，这两个项目的投标方案一个是7个，一个是8个，来自于法国、德国、美国、澳大利亚、日本和中国，其构思方法大致可划归为两类：一类从环境和建筑内在特点出发寻找构思主题，以建筑形体做抽象的表述；另一类则从文化背景、城市象征等抽象概念出发，用建筑形式做具象的表达。像法国设计的广州体育馆方案，从所处的白云山脚下的环境出发，将体育馆、训练房、俱乐部做成3个渐变的椭圆平面，沿一条曲线顺序排列，好似几片树叶自然有趣地散落。3个单体在竖向上起伏有韵，同白云山的起伏紧密呼应。总体构图自然浪漫，比赛厅平面合理流畅、空间氛围相宜，设计方案受到青睐，最后入选了优秀方案并中标。但是当时澳大利亚一家设计机构提供的广州体育馆方案，却选择同广州最贴近的象征物红棉花作为造型主体，用鲜红的五瓣屋盖以具象形式再现广州市花。但由于体育馆空间特点和红棉花体型相去甚远，勉强拼凑效果不佳，不为人们所赏识。另外还有两个方案以中国传统的吉祥物"龙"为构思主题：一个如二龙戏珠，形体比较琐碎和过于具象，欣赏者少；另一方案则龙卧于50米高平行六面体之上，正常视点无从领略，体育馆内部空间过于空荡，浪费有余，实用不足，招致落选。而像广东省体育场的竞赛中，被选入优秀方案的3个作品都是从具体条件出发，表现体育运动美学特征而取胜。

不仅仅是这两个竞赛评审，包括后来的很多评审过程中，也可以总结出一些经验，那就是从环境和建筑内在条件出发构思方案，用建筑形体抽象地象征某一事物的形象则获胜者多；而从抽象概念出发构思方案，试图以具象形式再现某一形象者，多遭失败。这样的结局，也希望能给我们设计从业者一些启示吧。广东一场一馆的6个优秀方案大都采用下沉式布局，或用台地将场馆体量掩藏大半，其设计理念在于创造开敞的空间环境，避免庞大体量出现而置人于渺小境地，这种环境意识和现代审美意识能被群众接受和领导认同，无疑是社会文化素质显著提高的佐证。

在评选的过程中，也可以看出近年来体育建筑创作的一些误区。在众多项目的锻炼下，大家思想比较开放了，中国体育建筑后来又在百花齐放。大家为了创新是好的，但是有时候不顾功能和结构技术做的设计那就不一定合适了。我国场馆建筑从21世纪第一个十年中后期开始刮来一股"表皮文章"风，这个像钻石、那个像水晶，这个像荷花、那个像垂柳，这个像飘带、那个像浮云……这些各具特点的场馆造型使体育建筑像座百花园。这个现象是出于场馆让人认不出来才有魅力、吸人眼球，还是山穷水尽、苦于无路可走的选择？回想起1990年代后期，场馆造型曾涌动过一股贴近中国文化的创作潮流，出现了这里有条龙、那里有颗珠，这里有张网、那里有个球，这里天方地圆、那里一撇一捺的场馆造型。除了"天方地圆"与中国人的宇宙观正好相反外，

老骥伏枥，奉献余热

其他各种构思并不想掩盖场馆的真实面目，只是用些附加的饰物象征中国文化。即使如此，也是被人们认同的少、否定的多。今天的表皮潮流又能得到人们多大认可，历史将给出答案。这些表皮文章除极少数是基于场馆空间特点而创作外，多数是将场馆当成可随意塑形的橡皮泥，生硬套用各种具象形式，让人难识场馆真面目。这些具象造型作品不是在迪士尼乐园、儿童公园等处让少年儿童欢呼雀跃、手舞足蹈，而是在城市建筑之中面对社会广大群众，他们是否会接受这些披上神秘面纱的作品，还须拭目以待。

另外，有些设计不注重实际，仅仅从形式出发，有时候形式明明是不合理的，却不管不顾地建出来。体育场馆属大空间公共建筑，为大空间树立骨架的是结构，为它塑造基本形体的还是结构，结构选型在建筑创作中的重要地位自不待言，特别是空间结构有三个向度，对空间和形体的构筑更是举足轻重。但是，有些场馆的建筑构思，不问结构是否可行或经济合理，孤立地塑造建筑形象，事后才让结构师十分被动地拼凑出一种不合理的结构形式，这种建筑与结构的严重脱节现象已出现日益严重的趋势。像南京新体育场一道两三百米跨度的巨拱可以斜躺在雨篷上，是拱吊起雨篷还是雨篷支撑拱，谁能说明白？为改变体育场常见的形象，将雨篷向场外延伸很长，覆盖的无用面积超过有用面积，不仅事倍功半，而且要额外花费几千万甚至上亿元，谁来买单？体育场馆结构选型的被动和混乱局面还要延续多久，走到多远？这应该引起各界的关注并努力扭转。

02

经
验
的
总
结
，
让
书
籍
进
行
传
播

较早地展开了结合实际的理论研究

我们算是比较早就有了理论研究的意识，1980年我们研究团队及时总结调研成果，针对场馆建设与设计中方向性、根本性的课题撰写论文，并在学校的支持下出版了《体育建筑设计专题研究》。里面是我们的几篇论文，包括后来在苏州会议上发表的4篇文章，那4篇论文也被《建筑学报》《建筑师》全文转载过。另外还有一篇关于中国体育馆的总结性文章，是由北京市院和张耀曾他们写的。当时我们在哈尔滨，北京市院也来了人，大家一起商量，最后好像是定了个"中国体育馆设计30年"的题目。因为我们当时编这本集子是自己花钱自己弄，虽然也算是出版了，但没有书号，印得比较少，向有关单位发一发，算是内部资料。这本集子论证了体育馆的发展方向，率先提出了我国应发展多功能设计，并阐述了观众厅场地选型、多功能体育馆视觉质量、观众厅平面空间布局的基本原理和设计方法。

1999年，我又主持编写了《现代体育馆建筑设计》一书，可以作为30多年研究和创作的一个回顾和总结。这本书就比较齐全了，分三个部分。第一部分是我对国内外体育建筑发展趋势的一些看法，主要是在国内调研和国外考察的基础上的一个总结。我在国外考察时，对他们群众性体育设施的建设和竞技性体育设施的日常使用情况感触较深，觉得这个应该是我们体育建筑建设的发展方向。这些感受，就总结在那篇"域外的启迪"里。第二部分是我总结的一些体育建筑的设计方法和理论，包括我对体育馆的功能结构、场地选型、视线设计、平面布局、结构选型、造型设计的一些思考。第三部分是一些实践作品的设计构思。当时就把吉林冰球馆、北京亚运会的那两个馆、黑龙江速滑馆、汉中体育馆，以及广东惠州体育馆这些建筑实践放了进去。这本书从理论到案例都有，比较全面。那个时候关于体育建筑研究出书的也比较少，研究方向也不是那么广泛。在体育建筑这方面研究比较多的有同济大学的葛如亮，他在清华大学读梁思成先生的研究生时，写的毕业论文就是关于体育馆。但是他的有些观点有点脱离实际。他的观点是，体育馆用篮球场地是最合适的，经济且实惠。但是现在看来，不能限制得那么死，场地要大一点，灵活一点，利用活动看台，平时可以做训练用，需要时做文艺演出也方便。另外一位年长一点的有北京市设计院的杨锡镠，设计过北京老体育馆。我跟他见过面，有点来往，接触得不多。他设计了北京体育馆后，我们后来去请教他。那时候他觉得很奇怪，你们哈尔滨也搞这个？我说想见见面，他就要我给他写了个提纲，他看到提纲很感兴趣，就接待了我一次。我们在北京体育馆见了面，他对体育建筑也有一些经验，但是对体育馆整个用途和效益的考虑，当时还没有这个想法。

《现代体育馆建筑设计》一书，我是请罗小未教授帮我写的序。罗小未教授是广东人，1948年毕业于上海圣约翰大学建筑系。新中国成立后，她就在同济大学当老师，主要是研究建筑历史，特别是西方建筑史方面的内容。我在同济大学进修的时候，她就是同济大学的老师，就这么认识了。但主要有来往，还是"文化大革命"之后谈教学改革的时候的交流。在那次会议期间，我就约请罗小未先生来哈尔滨讲学。罗小未先生在"文革"期间曾经受到冲击，甚至被发配到幼儿园去看小孩。那时候要谈国外的建筑流派，是要冒点风险的。她是搞外建史的，我就说欢迎您到哈尔滨来。她说你敢请我这个被批斗过的人？我说，可以请啊，我们不怕。这样，她就到哈尔滨来了。哈尔滨讲完之后，北京也请她，其他学校也请她。后来我们学校还请了清华大学研究外建史的吴焕加先生。我们最先邀请的是罗小未先生，她和她的助手蔡婉英一起来的。以前这些东西都不能讲，那时候思想开始有点解放了，大家都对这些内容很感兴趣。我们在市里借了会场，全省、市的设计单位、学校都过来听，每天讲半天，讲了一

老骥伏枥，奉献余热

个礼拜左右。所以后来我请罗小未教授帮我写序，她也就慨然应允了。

这本书当时在国内算是为数不多的体育建筑方面的著作，来自国内外的评价也都还不错。后来北京奥运会的时候，澳大利亚建筑师菲利普·考克斯和五机部设计院一起合作参与场馆投标。五机部设计院有我们的校友，考克斯就请我们做顾问。他做了方案要我们提意见，做个参考，这样就和我们有了来往合作。考克斯在澳大利亚建筑界比较有名，是悉尼建筑学院有突出成就的人，他的作品都很有创造性，他们学院以他为骄傲。1999年世界建筑师代表大会在北京举行，我也去参加了，在会上碰到了考克斯。我们分别在会上做了报告，在会上也有交流。考克斯后来派人来，把他自己的作品集送给我，我也把我的这本书送给他，他怎么评价我当时不知道。后来还是通过别的途径知道，考克斯称赞"这是本具有世界水平的大作"。

后来合肥工业大学的汪正章教授写了篇长文"从作品到理念——梅季魁体育建筑设计读评"，主要是对我的这本书和我的一些设计作品的评价。他写这篇文章的时候我不知道，他写好了以后寄过来我才看到。这篇文章原本是刊载在中国建筑工业出版社的前总编辑杨永生主编的《建筑百家评论集》一书里，后来我出《体育建筑设计作品选》一书，就征求他的意见，可不可以在我这本书里作为附录放进去，他也答应了。我和汪正章也接触过几次，那时候是杨永生主持了一个座谈会，正值夏天，把汪正章、钟训正他们请到哈尔滨来。我也是通过参加这个会，才和汪正章认识，后来一直也有些学术上的来往。

1999年出版的《现代体育馆建筑设计》一书

1999年北京世界建筑师代表大会体育建筑分会上做报告

1999年北京世界建筑师代表大会，与考克斯建筑师合影
（左二为作者，左三为考克斯）

老骥伏枥，奉献余热

结构形式的多样化带来建筑形式的多样化
——《大跨建筑结构构思与结构选型》

我们一直对结构设计是比较重视的，因为我对结构也有兴趣，并且结构设计对体育建筑来说也很重要。"体育建筑结构形式多样化"这个论文最初是在1982年广西柳州的结构学术会议上发表的。那篇文章中我就找了些例子来说明观点，分析了一下国外案例中比较灵活的设计思路。因为主要的结构形式也就十几种，多样化的手法还是可以总结的。一些世界闻名的作品看上去形式非常新颖，结构形式非同一般，实际上他的结构选型是很普通常见的，之所以成为优秀的作品，就是因为结构构思巧妙，手法高超。当时像墨西哥的坎德拉，他就把他的壳体结构组合成很多形式；德国的弗莱·奥托，他也把悬索结构搞出了很多变化；意大利的奈尔维，他用钢丝网水泥网壳结构做出了很多优美的造型。他们都是头脑灵活的，有很多创意。类似这样的实例太多，我们不能是别人做了什么就照搬过来，但是可以根据别人的结构形式来变。那次会议上，我们也借着机会把我们冰球馆的方案拿来征求意见。

论文里和后来出的书里面有很多我们自己手画的一些结构分析简图。其实对于手绘，我们倒是锻炼得不多。因为哈工大当年的工民建专业虽然也有绘画这个课，但是没有做专门的训练，所以和纯粹的建筑学院的学生比还是有差距。但是建筑造型、建筑结构的简图，我还是画得比较多。那个时候没有电脑，连相机都很少，只能靠手把看到的东西画下来。给学生上课的结构图都是我自己手画，一张清晰明了的图，有时候比很多的文字效果更要好。所以平时我还是鼓励学生多动手画一画。

2002年的时候，我编写的《大跨建筑结构构思与结构选型》一书面世，该书后来也被推选为高校建筑研究生选修用书。1970年代后期，我在哈工大建筑学院还是哈尔滨建筑工程学院建筑系的时候，就尝试性地开了"结构选型"的课，希望从建筑学角度探讨结构构思方法和结构选型手法，以此作为学生们结构课程的一个补充和丰富，来活跃学生的设计思想，开阔学生的设计思路。那时学生们还是很欢迎这门课的，因为其针对性比较强，使学生思维比较活跃，在实践中应用也比较好。那门课到后来也是受学生欢迎的课程之一。我给学生们讲的也比较多了，当时都是自己在黑板上画啊，讲的材料也是自己去收集、整理。后来这些讲稿就是这本书的一个写作基础。在教学结合生产里面，也能有一些实践的机会，获得了体育场馆等大跨建筑设计的机遇，接触到比较多的结构技术问题。从这些实践中，也体会到大跨建筑的结构对建筑空间和形体的建构有着很重要的作用。建筑师对结构的认识，不应该仅仅看到结构对建筑构思的制约，更应该把结构看作是大跨建筑创作的一个有力手段。大跨建筑的形体特点很强，对屋盖的结构并不满足于单纯的覆盖，而是要量体裁衣，创造独具特点的形体。如果没有一定的结构知识，想要搞造型现代化，尤其是大跨体育建筑，那是很困难的。而现在的建筑师在结构知识方面比较薄弱一点，做大跨建筑，如果设计者对结构不了

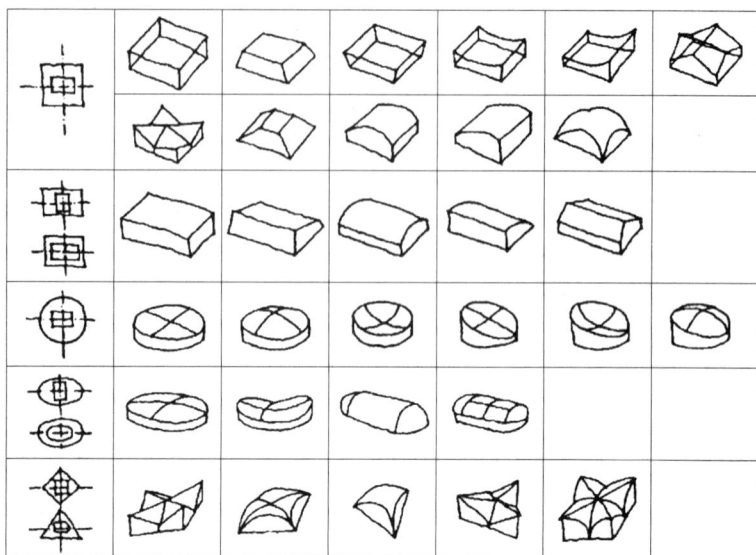

《大跨建筑结构构思与结构选型》插图——体育馆结构形体简图

《大跨建筑结构构思与结构选型》
封面

解或者对结构不掌握，想创新就很困难。如果就做普通梁柱结构，在那么大的空间里显然是不行的，照抄别的方案的结构也是没有新意的。因此，对结构形式的创新运用对于大跨建筑的设计者来讲，是很重要的。这也是我出这本书的初衷。在这本书里，我最主要想表达的观点就是"结构形式的多样化，才有可能为建筑形式的多样化创造条件"。建筑师不仅要有结构知识，也要掌握一定结构造型技巧。

这本书的三个作者——我、刘德明和姚亚雄，都对建筑设计中的结构问题比较关注，主要也是在建筑教学和工程设计中确实感受到了需要。我写了其中的第一章和第三章。第一章也算是概说，包括大空间公共建筑和大跨结构技术的发展过程，建筑和结构的矛盾和化解，建筑师和结构师之间的专业分工和合作，主要就是把不同专业合作的一些基本共识和需要建立的共同观念基础理了理。第三章是这本书的重点，也是我之前开结构选型课的总结，就是对结构构思方法和结构选型手法的一个探讨。第二章是姚亚雄写的。他原来是结构的老师，对结构的基础知识认识比较深刻，他在这章里主要介绍了大跨结构的概要知识，以弥补大部分建筑师掌握结构知识深浅不一的问题，算是完整地补补课。第四章由刘德明对在某些方面比较有代表性的作品进行评析，对其结构构思和选型进行比较科学的客观评价，以此来学习成功经验、汲取失误或失败的教训。

这本书中我负责的内容是我亲自写的稿子，那时候写稿子还没有复印机，就是用稿纸手写。当时写稿，和评职称以及评博士生导师有关系，时间也比较紧。论文要先发表在国内杂志来不

老骥伏枥，奉献余热

及，就把原稿寄出去请专家们提意见。当时也给吴良镛先生寄去了，我想请他给写个评语，他写的评价后来我还保留了。他写了三个方面：一是体育馆发展方向探讨，他写了几个问题；二是对体育建筑结构形式多样化的几点看法；三是对吉林冰球馆设计的评价。吴先生在评语中称，"体育馆结构形式多样化初探"无论对建筑师还是结构工程师都有启发性，发展结构多样化是体育馆建筑做到建筑设计多样化的重要途径。他对我们这本书的评价还是比较高的，对我们也是积极支持。后来这本书的出版倒没有费什么劲，基本上是全文出版。这本书出来之后评价也较高，后来学校告诉我，这本书成了全国建筑学研究生的教学参考书了，当时我自己还不知道。

吴良镛院士评语

《奥运建筑：从古希腊文明到现代东方神韵》

2008年的时候正好是北京奥运会举办，当时湖南科学技术出版社想了个课题，希望借着奥运会出本书，就来跟我们邀稿。我们觉得和地方出版社合作一下也未尝不可，所以我们就写了《奥运建筑：从古希腊文明到现代东方神韵》这本书。当时我们就把哈尔滨工业大学建筑研究所的部分师生还有华南理工大学的孙一民等人组织了一下，进行了编写，像饶洁、尹慧英她们是当时在读的研究生，也参与了编写工作。写这本书我们也费了点劲，要收集资料，要出去跑一跑。例如要到北京去，到各个地方去看去找。收集资料的过程也比较困难。有些场馆，像老的奥林匹克体育场，资料不全，也很难找。当时也希望上网查，但那时候计算机不发达，国外也很少把这些内容放在网上。研究生们努力找资料，研究后再讨论，希望写得能够简洁明了一点。

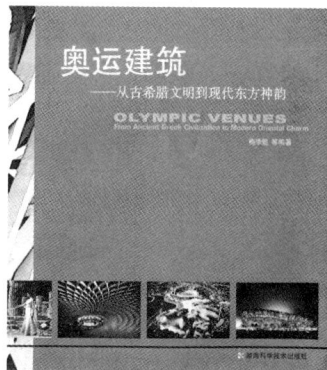

2008年出版的《奥运建筑：从古希腊文明到
现代东方神韵》

老骥伏枥，奉献余热

这本书分为上、下两篇，上篇以图文并茂的方式扼要地介绍奥运会发展简史、奥运场馆建设、奥运建筑发展历程及其演进；下篇以图片为主，重点评价一些具有里程碑意义的杰出场馆，并对北京奥运会建筑做个先期的介绍。所以整本书基本上就是客观地、如实地介绍国外的场馆和我们的奥运场馆。整本书篇幅有限，我们在古代奥运建筑中就选了希腊雅典的奥林匹亚体育场和对奥运场馆有过巨大影响的罗马斗兽场作为代表，而在现代奥运会中则选出举办十五届以来的杰出场馆与大家分享。找资料的过程也是比较麻烦。因为这些属于历史建筑，时间跨度比较大，我们要做到客观评价也有一定困难。有的场馆图片比较差，找不完整；能找到的，资料也有限。洛杉矶的场馆我们去看过，在那里举办了两次奥运会，1984年那届的场馆也基本上是用1932年那届的。加拿大那届我们也去看过。这两地的相关资料就比较多一点。国内的一些资料有些同事、朋友提供了一些，例如上海魏敦山院士那边提供了上海体育场的图片。因为出版社也赶得比较急，想在奥运会之前出版，而当时北京奥运场馆还没有开放，我们只能照了一些北京奥运场馆的外景，比较浮光掠影地选拍了37座新建和改建的场馆中的23座，算是比较及时的资料；最后也没来得及请些德高望重的学者、专家写序点评，稍有遗憾。

30多年工作的阶段性总结

2010年秋天，当时是哈工大建校90周年，也正好是我的80周

2010年出版的《体育建筑设计作品选》

岁生日。我提出来想出本书，把我们的作品完整系统地展示出来，也把校友的这些作品能够汇集起来，内容要丰富一点，孙一民、姚亚雄他们对这件事情也很有积极性，后来就有了那本《体育建筑作品选》。

这本书是一部由教学、科研、生产紧密结合的科研团队在30年左右的时间里完成的部分设计作品的选集。我们的研究团队可以追溯到1978年我招收第一届建筑设计的硕士研究生和1985年我们建立了建筑设计博士点开始招收博士研究生，直到1990年我卸任系主任之后成立建筑研究所，我们的团队一直在日渐扩大，茁壮成长。团队的成员虽然自然交替，不断变化，但我们的设计理念一直坚持了下来，科研也不断深入发展，生产设计也不断做大做强。为了强化学术性，这本书里收集的作品基本上都是体育场馆等大空间公共建筑，一共收录了将近40个大中型场馆的设计作品，类型虽然比较单一，但涉及的社会面比较广泛，比如北京亚运会、北京奥运会、哈尔滨亚冬会、广州亚运会、深圳世界大学生运动会、女子世界杯足球赛等，还有一些是省市社会型场馆和高校型场馆。这本书的资料收集当时还征求了很多方面的意见，像华南理工大学的作品就征求了何镜堂院士的意见，同济大学的作品就征求了钱峰教授的意见，还有上海民用院的作品征求了魏敦山院士的意见。因为这里有以对方为主的作品，我们收录进来要注明。但是这些作品基本都是我们的研究生有参与的，没有硬拉过来。

这本书的出版准备了大概半年左右，收集资料的时间比较紧，也不容易。因为要把这些分散的作品集中起来，达到打印的要求；同时需要大家凑资料，把东西弄完善一点。我们当时有大量的文件需要打印出来看，就废物利用一些纸张，用一面已经打印过、一面还是空白的纸张打印出来一份看看，看到不合适的再重新弄。我们要求精益求精，有时候就会拖拉一点，差点就不能够及时地给出版社交稿，最后能出版也是实属不易。

这本书里的作品既展示了在当时技术经济条件下场馆设计的普遍水平，也记述了设计人员关注场馆设计的焦点和开拓的足迹，并在一定程度上反映了我们的创作心路。一是始终坚持空间和功能动态的设计思维。人们投入大量人力、物力建造房屋，绝大部分是为了使用并关心其效率。但像体育场馆等大空间公共建筑往往使用效率很低，造成巨大且持久的浪费。探究原因，主要是社会需求呈动态性的发展变化，而惯用的静态设计方法难以与其适应，因而矛盾和弊端日渐突出。动态的需求只能用动态的设计思维和方法来应对。这本书的绝大部分作品即以动态的思维和多功能设计方法增强灵活应变能力，化解矛盾，以利于可持续发展。动态设计往往受到技术经济条件和人们思想解放程度的制约，其推广和发展只能是渐进式前进。如我国中小型体育馆设计，场地规模是功能宽窄的关键，理论上讲越大越好，但实践上从一块篮球场地发展到四块多篮球场地却经历了近30年的缓慢进程，由此可见一斑。二是始终坚持建筑和结构互动的设计构思。建筑设计，尤其是大空间公共建筑设计，建筑空间承载着物质和精神双重功能，其形体和高低变化有赖于合体的结构形式来架构，因而建筑构思和结构构思需要同步进行，紧密配合，反复推敲，力求避免建筑和结构的脱节。我们在进行设计时，既要尽力避免先敲定建筑构思，让结构勉为其难地配合，也拒绝结构先入为主，让建筑削足适履、本末倒置的现象出现。三是坚持内外融合的造型。建筑造型表征的主体应是建筑的基本内涵，如场馆的内涵在于健与美，它既是建筑属性，也是建立建筑个性的可信基础；同时也应考虑地域、城市的标志和审美取向，具有一定的外在环境特征的象征。两者的完美融合是比较理想的追求，但是，有时限于客观条件和主观能力无法达到融合的高度，则应忠实于建筑内在本质的表征，拒绝用表皮手法改头换面，让人难识庐山真面目。四是作为优选的育人途径。场馆设计问题多而复杂，发展变化快，挑战性强。这恰好有助于调动研究生的主观能动性，促进其独立思考，探索破解问题的途径，从而激发起创造性的设计思维。同时，场馆工程技术问题比较复杂，造型备受社会关注，它的设计需要综合权衡各种因素全面解决，这又有助于综合能力的培养。正是这些有利于培养创造性思维和创新能力，并能同研究型大学的总体目标相吻合的因素，才使我选定体育建筑设计作为培养研究生的途径并坚持下去。途径是手段而非目的，对途径的选择，并非仅为了体育建筑设计专门人才的培养。通过这样的途径培养出来的研究生在走上不同的工作岗位后均有较强的适应能力。这些作品在创作愿望上始终是与科研成果相结合，坚持创新，不懈追求功能灵活多变、技术先进合理、造型出新有据。这些作品绝大部分经受了各种国际和国内重大赛事以及平日广大群众使用的考验，得到各界专家的肯定和群众好评，有多项获得了省部级设计奖及中国建筑学会建筑创作奖。

如果说这本《体育建筑设计作品选》是我们建筑实践的汇编，那么当时一起编写的《体育建筑设计研究》就算是比较齐全的一些理论总结。后者的编纂也是应建筑界和结构界的专家、学者及一些新老朋友的多次建议，将我近30年来与同事及研究生合作完成的研究论文选辑了近30篇汇集成册，作为一家之言，与同行做一次比较系统的交流，希望能够抛砖引玉。这些论文，有的侧重于经验总结，意在温故知新；有的侧重于现实，明晰现状和问题；有的则着重探讨未来，预判发展方向。同时，研究的目的

2010年出版的《体育建筑设计研究》

重在为设计服务，也涉及设计途径和方法。当时的今天已成为过去，预判的明天正在经受今天现实的考验。事物总是在发展变化，体育建筑也不例外，社会对它的要求发展变化较快，规范、标准、数据也有较大改变，而随着时间的推移，会涌现许多新的问题，需要不断研究解决。同时一些基本问题并未消失，只是表现形式有些不同，依然需要研讨下去。为了增强系统性和学术性，这本书按照单篇论文的内容大致分为三部分，即发展趋势与应对策略、设计理论与方法、设计立意与构思。这种分类意在为学术交流留有更多的拓展空间。我的想法是，这个框架是开放的，现有的几篇文章我们就把它拿来做垫底，希望能有更多的同行参与研讨，总结自己的创作经验，分析研究这些课题，充实和丰富这个框架，大家能够一起为体育建筑设计向更高层次的发展做出应有贡献。这本书在业内的评价也比较高。后来评深圳宝安体育中心的时候，日本的矶崎新也参加了评审。矶崎新这个人还是很认真的，评价也很客观。他中文不错，以前学过《论语》，墙上的字画，他基本都能读下来。后来香港建筑师学会的会长钟华楠先生提出意见，他觉得我们这些评审，应该定一个标准，定出几条大家统一来评。正好《体育馆建筑设计研究》一书出版了，就送给矶崎新一本，矶崎新也看得懂中文，他看完就说，这个很完整，就照这个来吧。这两本书赶在我八十寿辰之前出版了，是我30多年的工作成果的阶段性总结，也算是我向母校的汇报和对母校的祝贺。出版过程中得到了哈工大建筑学院多位领导、办公室同志及原中国建筑学会周畅秘书长等同志的支持和关照，再次表示谢意。

老骥伏枥，奉献余热

同矶崎新一道评审方案
（左一为作者，中间为
矶崎新）

深圳宝安体育中心评
审会评委（右四为作
者，左六为钟华楠，
左七为矶崎新）

积极参与书籍编写工作

在研究方面，我们也会接受一些任务。比如我们参与编写了《中国大百科全书》的几个词条。《中国大百科全书》是中国第一部大型综合性百科全书，也是世界上规模较大的几部百科全书之一。1978年国务院决定编辑出版这个系列丛书，并成立中国大百科全书出版社。第一版历时15年，于1993年出齐，共有74卷。其中的《建筑·园林·城市规划》卷共收条目868个，插图1238幅，计160万字，内容包括中国建筑史、外国建筑史、建筑设计、建筑构造、建筑物理、建筑设备、建筑理论、园林学和城市规划等。1988年，中国建筑学会安排我们为《中国大百科全书》的《建筑·园林·城市规划》卷撰写"体育建筑"和"游泳建筑"这两块内容。那时各高校都在写，大家分不同的词条，也算是给群众一个建筑方面的知识普及。1999年，《中国土木建筑百科辞典：建筑》中的冰球馆、体育馆等体育建筑也要我们编写，那也是中国建筑学会给我们的一个任务。我觉得这些任务还是需要的，就是要写得简单明了，给各行各业作为参考。这样的机会也是一次学习和锻炼，是个好事。

后来编写《建筑设计资料集》的"体育建筑"部分，我们也是积极参与。《建筑设计资料集》自从20世纪六七十年代问世以后，就一直是建筑设计行业从业人员和学生们十分欢迎的工具用书。我们参与过两个版本的编写，1995年的版本和2012年的版

1988年参编的《中国大百科全书》

1999年参编的《中国土木建筑百科辞典：建筑》

1995年出版的《建筑设计资料集》第7册

本。1995年的版本是该资料集的第二版，也是为了适应时代变化、技术、观念进步的需求，建设部就要求中国建筑工业出版社组织人员进行改编。我们是1988年的时候领取的任务，是由中国建筑学会安排我们参加的。当时征求我们意见，看怎么分配任务，最后是我们和北京市建筑设计研究院合作，另外还有国家体委体育设施标准管理处也参与进来，但是主要任务还是我们和北京市建筑设计研究院在做。当时我们承担了体育馆、冰雪运动设施的部分，大致总结了这些运动设施的分类、功能要求、使用房间等内容。北京市院那边主要是马国馨他们在主持这件事，他们承担了体育中心、体育场、水上运动设施和其他运动设施部分。另外我们两家还一起编写了体育建筑总论部分和球类、体操、举重场方面的内容。这个修编的工作持续时间比较长，因为中间要讨论大纲、进行分工、补充内容、完成文字说明、绘制图纸，并且要进行多次的修改完善，大家都是很慎重。那一次所有的图还都是手画的，比较费事。这些内容一直到1994年，差不多进行了

6年，才全部完成，作为《建筑设计资料集》的第7册进行出版。我们编写的体育建筑部分的内容一共有八九十页，还好我们之前也有些研究基础，所以这部分内容还是比较全面。后来我才知道，体育建筑这一部分是资料集各册各门类里篇幅最大、内容最丰富的一项，让人比较欣慰，也从一个侧面说明我们对体育建筑的研究开展得比较早、比较深入。我们在这期间和北京市建筑设计研究院他们交流得比较多，后来他们编写2003年发布执行的《体育建筑设计规范》，和我们也多次沟通，进行了一些咨询，我们也是尽所能地提供一些帮助。

2012年的新版《建筑设计资料集》的编写也和北京市建筑设计研究院有关系。我那时候只是给争取到一个主编单位之后，就退了出来。研究所里他们现在也都有自己的学生，主要是师生一起进行研究。上一次是我们自己定了大纲、写了内容就交给中国建筑学会接手。这一版组织就比较困难，因为要多方面交稿，北京市建筑设计研究院、同济大学和华南理工大学也分派了任务。像给同济大学分派了写"新技术"这块内容，他们也觉得为难。但是这些新的内容也是和时代在共同前进，还是需要加进去的。现在这一版还在编写的过程中，希望能够尽快出版和大家见面。编写资料集还是很有意义的，对现实生产能起到指导作用，所以我们也是尽所能地积极参与。

03

学无涯，工作无止境
——太长的培养，
太短的奉献

2000年后的退而不休

其实在2001年初我就接到了学校人事部门的退休通知书，当时我已70岁，但由于工作需要和身体尚好，我还是继续工作了十多年直至2012年底。

我之所以"退而不休"，也有几方面原因。一是从个人来看，觉得身体还可以，还有精力。可能是年轻的时候喜欢体育运动，所以上了年纪以后身体也还行，2009年的时候我还参加了台湾地区建筑环岛10天的考察，是"现代建筑研究小组"组织的。里面参加的人来自中国大陆地区、台湾地区及香港地区。这个会在大陆地区开过几次，在香港也开过。他们也到哈尔滨来过，我们也做过接待。那次是去中国台湾地区开会，到那顺便组织考察，大家报名参加。我们去的人数不太多，就十几个人，有来自杭州的，有来自广东的，还有几个来自北京的。我也带了相机，跟着他们跑一跑、照一照，没有搞特殊。我过去没在台湾地区环岛游过，我二姐在新中国成立前跟着姐夫去了台湾地区，就是住在高雄，我之前去看望过姐姐，但只在高雄那住了半个月，对台湾地区了解得不是很全面。通过这次去环岛游，我对台湾地区的印象就比较深了，有了个较为全面的印象。我们和台湾建筑师见了面，到了台南县看了他们设计的作品，也参观了其他一些人的作品。那时身体都还不错，其实现在也还可以，就是腿脚不太好，其他都没什么问题。

二是客观需要，因为学校还需要培养人才。当时要读在职博士的校友比较多，而学校里头博士导师还是比较少。哈工大教师队伍也是有些断层，在我之外大部分能带博士的教授都还比较年轻。对于那些来深造的校友，由他们的同学来当导师恐怕不合适，只好我来带。所以我要继续培养博士，培养了十几个，而且还是比较费事。这些都是在职的博士，不是根据体育建筑的这一方面找研究课题的，他们的研究范围有城市规划的，有医院建筑的，有管理方面的。因此需要我去适应他们，在他们的基础上帮他们把握一下，例如逻辑性是不是十分强，论证得是不是合适，这些方面还是比较费力的。

此外，从我自己的成长过程来看，国家培养我的时间比较长，我给国家贡献的时间太少。1945～1949年的时间荒废了，"文化大革命"又有十几年没做什么事，所以真正工作的时间很

老骥伏枥，奉献余热

短，觉得有点歉疚，所以我想看是不是还能继续工作几年。就这样我就又还坚持了几年，也没计较条件。

这十多年期间，我为我们研究所和哈工大，大致做了下面五方面的工作。

第一是继续培养姚亚雄、周畅等7名博士生，为学院及相关兄弟系统培养专长的人才做出了贡献。

第二是延续并深化了建筑设计创作。先后主持设计了大连理工大学体育馆、青岛大学体育馆、东北大学体育馆和游泳馆、安徽淮南市文体中心、奥体中心体育场，以及深圳大学城体育中心的体育场、体育馆、游泳馆等十多项大中型工程，并参与了广东惠州市新体育中心、贵州省兴义市体育中心等工程的设计投标，扩大了哈工大在国内的影响。

第三是接受邀请参加了国家各大工程项目设计研讨及国际设计竞赛评标活动。如北京奥运会场馆规划布局、国家大剧院设计可行性研讨，以及国家主体育场"鸟巢"、国家网球中心、天津市体育中心、南京五台山奥体中心、广州亚运会工程、湖北武汉体育中心、辽宁葫芦岛、广东东莞、浙江绍兴、山东青岛体育中心及青岛海军博物馆等工程国际设计竞赛的评标工作，也为扩大哈工大的声誉做出了一己贡献。

第四，我也投入较多力量著书立说。我后来的几本书都是退休后十几年期间编写的。如湖南科技出版社出版的《奥运建筑：从古希腊文明到现代东方神韵》，共有40万字；中国建筑工业出版社出版的《体育建筑设计研究》，共有38万字；中国建筑工业出版社出版的《体育建筑设计作品选》，共有54万字。以实

《现代体育馆建筑设计》
黑龙江科学技术出版社
1999

《大跨建筑结构构思与
结构选型》
中国建筑工业出版社
2002

《体育建筑设计作品选》
中国建筑工业出版社
2010

《体育建筑设计研究》
中国建筑工业出版社
2010

《奥运建筑:从古希腊
文明到现代东方神韵》
湖南科技出版社
2008

历年来主要出版书籍概况

际建筑创作和自己的译著参与建筑学术活动,促进了建筑学术的发展。《建筑设计资料集》第三版的修改编著,我们也是积极参与了。资料集共八大本,为我校争取到了八大本之一的体育建筑的主编权。在完成编著大纲及编著分工后,我逐渐退出,继而由建筑学院中青年教师继续完成。到目前为止,我校完成的前期工作,已被中国建筑工业出版社当作样板供国内高校及其他设计单位编著资料集参考。这一建筑参考书出版后将会产生深远的社会

老骥伏枥,奉献余热

219

影响，也将为哈工大带来更多荣誉。

第五是在我八十寿辰的时候，在哈尔滨工业大学建筑学院以及建筑设计研究院的大力支持下，建筑研究所组织了一些活动，同时也是想总结哈工大体育建筑理论研究与设计实践的发展历程与丰硕成果。所以有很多来自全国各地的学生、老朋友、多年的合作伙伴以及亲属等齐聚一堂，谈学术、话友情、送祝福。当时借着出版了《体育建筑设计研究》及《体育建筑设计作品选》两本书，举办了设计作品展、师生论坛和一些学术讲座等活动。像现任职于华南理工大学的孙一民、上海现代集团的姚亚雄都做了讲座，和学生们进行了交流。能够有学术上的交流，我觉得是很好的事情。那时跟大家交流，就觉得时间过得太快，年轻人总是会觉得人生漫漫，到了年纪大了才明白人生苦短，很快就80岁了。时间如同白驹过隙，能够奉献的时间太短，我想做还没有做的事情太多。所以我觉得还应该抓紧时间，能够尽一己之力做些贡献，另外也希望能够在有限的时间内和同学们共同拼搏，不断进取。

2012年，我82岁时候，自己觉得年龄到了，身体也开始不是太好，主要是腿脚不行了。这时我也只是尽己所能地做点工作，参加些会议，也不是太多，有时候还写些文章，设计就不做了，评审也不去了。我每天的生活就逐渐地变为多些休息，看看书，看看报纸，慢慢地也习惯了这样的生活。哈尔滨冬天太冷，我和夫人每年到了十月或者十一月时候会去海南，然后到了四五月份再回来。那边气候好点，不容易得些器质性病变。

退休以后我还陆陆续续获得了一些奖项。2011年获得了中国

八十周岁生日照片

八十寿辰全体师生合影留念

八十寿辰时的全家福

老骥伏枥，奉献余热

体育科学学会暨中国建筑学会体育建筑分会的贡献奖。这个奖我们体育建筑专业委员会中有几个人得了，但得的人也不太多。2014年获得了学校里给离退休老教授评的十大风采老人奖，还有2015年刚刚评选上了哈工大的优秀教工李昌奖。李昌奖是每三年一届，这是第三届，每次评5个人，建筑学院就是我这一个。李昌奖在哈工大也算是颁给教职工的一个最高荣誉，也是对我工作的一个认可。

　　2015年我85周岁的时候，学院里也组织了研讨会，就和我的八十五寿辰放在一起。他们安排的是上午举办研讨会、中午聚餐。我觉得这些校友远道而来，很不容易，他们毕业之后各自做了不少工作，做了些项目都很不错，成长还是比较快，结果给发言的时间太短，每人只有几分钟，没有展开，要是再有半天就好多了。例如像尹慧英讲水上娱乐设施，我没想到她到青岛后还做了那么多大的项目。姚亚雄讲的丽水的那个体育馆对结构界也是个震动，因为对屋盖的结构概念完全变了，不是过去的那种起翘

| 中国体育科学学会贡献奖 | 哈工大十大风采老人奖奖杯（2015年10月底摄于家中） | 哈工大优秀教工李昌奖奖杯（2015年10月底摄于家中） |

研讨会合影

认真地听校友的报告

研讨会上再次给学生们讲学

会议间隙与学生们愉快
叙旧

老骥伏枥，奉献余热

面要做周边构件的形式，是一个整体的结构，周边构件就不要了。当时这个作品刚出来的时候放在研讨会上讨论，有些结构博士生，包括我们哈工大的一些结构博士生，就质疑这个结构的可行性，因为他们没有这么想过。那时候沈世钊院士也参加了会议，他说只要构件刚度足够就完全可以。这就改变了传统的结构形式，不像以前机械地分不同的构件，所以还是引起了轰动。《空间结构》杂志用这个作品做封面做了好长时间。因为姚亚雄本身就是学结构的，他也是建筑、结构两个学会都参加，他还是有新的思想去想这些事，能够提出一个新的方案来很不容易。

来自家庭的理解和支持

我大部分时间都扑在了工作上，这些年来我工作的顺利展开离不开家庭的理解和支持。我的夫人叫栗颖娟，我们是同学，虽然不是一个专业，但都是一个系。她学采暖通风专业，比我低一个年级。我夫人老家在贵州，她1951年到北京去高考，直接考来了哈工大。那时候哈尔滨是老区，革命热情比较高，环境也比较好，全国的学生都喜欢到老区来。哈工大那时又是学习苏联的重点学校，全国各个地方来的人很多。我和我的夫人在大学期间相遇，那时候学校党团活动比较多，劳动也比较多，多少就有些接触，然后逐渐有点印象，彼此欣赏。大概在1953年或1954年我们互相熟悉了之后就建立了恋爱关系，1959年我从同济大学回来之后成的家。她大学毕业后就到了黑龙江省建筑设计研究院工作，并在那展开了事业的发展。在设计院里她被评为高级工程师，又加入了中国共产党。她退休后还被市建筑技术研究所聘用工作了许多年。

我去到西藏以后，我的家人还留在哈尔滨，但国家有需要是没有办法的事情。在西藏期间，每过一年半到两年的时间有一次休假，每次可以休两三个月，我大概总共回来过4次。回来时我基本是坐飞机，没再坐汽车，因那样太费时间，光出藏就要八到十天，再在成都那边绕很远才能绕回来。第一次出来的时候，正赶上"文化大革命"，派系斗争很厉害，我们在成都等待了半个月左右，火车第一天从成都通车我们就赶紧挤上去。那时正好是大串联的时候，上火车特别挤，连座位都没有。这样勉强到了西安，再从西安到北京，之后从北京到哈尔滨。那时城里的人变了，学校里的人也变了。当时学校里边分两派对立斗争，都是些老同学，一派在教学楼那住着，一派在宿舍楼那住着，斗得还很厉害。

1968年，我女儿梅晓冰出生了。我夫人当时在黑龙江省建筑设计研究院工作，岳父母还在贵州。我岳父也是教授，从原来的北京燕京大学毕业，在贵州师范学院当系主任，教历史。他们离我们实在太远，也难以照顾。我夫人独自一人又要带小孩，又要工作，很是不容易。上山下乡时期，她还被下放到农村锻炼，分配去养猪，我母亲当时也不在了，那时候小孩就只好放在哈尔滨的一个亲戚家里照顾，我夫人也照顾不了。后来我岳母从贵州来了，帮忙照顾孩子。

援藏干部可以开始轮换的时候，学校就想办法申请把我调回来。那时候要听组织安排，不然回不来，回来了也不能自己找单位，接收不了。所以回到哈尔滨之后，我们学校去了人找省里要指标，我这才回到学校，要不然还进不了当时的建工学院。从西藏回来，多少给家里能帮点忙，其他也没什么。女儿此时已经上小学了，我夫人还是坚持上班，那时候哈尔滨生活条件也没有恢复多少。对女儿的教养我也是有愧疚。她们母女俩有困难的时候我在西藏，帮不上忙，爱莫能助。那会儿光牵挂，有力量使不上，交通不方便，书信也很慢，人也回不来，就只能靠她们克服，所以女儿就感觉不到幼年时候的父爱。她上小学的时候，放学回来她妈妈还没下班，就只能在外边玩。有一次，她跑同学家去写作业，她妈妈回来找了半天找不着，后来天黑了她才回来，把她妈妈急坏了。我回来之后，能够管到的地方我还是比较严格要求的，但也没有对她特殊培养。她中学毕业以后在省建工学校

1959年与夫人在松花江畔的留影

1969年与夫人合影

办的一个附属学校里头念书，然后出来工作也在建筑设计这个行业工作，后来被评为高级工程师。她选择学建筑，多少也有点是受我的影响，实际上也等于我的社会接触面不多，对别的专业就业的情况了解不多，学校虽然有各学科系，但我能给的指导很少。还好她对这个专业也算是喜爱。这些都是我对家人比较亏欠的地方。

女儿、女婿当时也算是家长介绍，然后就走到了一起。我女婿是学机械的，现在是哈工大机电专业教授、博士生导师，教学、科研进行得都还不错。他工作也比较刻苦努力，下班了还在学校工作得挺晚，每天晚上七八点钟才回来。一般都是我们先吃饭，给他留点，他晚点回来吃，这些都成了习惯。

我的外孙是1999年出生的。基本是他的爸爸、妈妈在管他，我们老两口在生活上会对他多照顾些。外孙小的时候，我也已经退休了，去托儿所、幼儿园是我接送，早晨有公车把他搭去，晚上有时候骑自行车把他接回来。我想这也一是种补偿，对女儿过去没有照顾，对外孙就多用点力。我退休了，工作不忙了，也有这个机会可以照顾他，所以我跟外孙的感情还是不错的。但我并不溺爱他，生活上对他适当照顾，学习上还是得他自己好好学。他现在也不缺吃穿，生活应该都可以。当时他的初中读的是哈工大附中，是全市的重点，功课压力比较大，他觉得学习比较被动。之后考的高中也不太理想，不太愿意去，就没逼他去，而是到大连的枫叶国际学校念书去了。这个学校是加拿大和中国合办的，在上海、天津、重庆、武汉都有分校。去大连那学校他还挺高兴，他喜欢那儿的学习方式，在那也能恢复自信，要不然总是

老骥伏枥，奉献余热

2002年女婿和外孙在三
亚湾海滨戏水

2004年夫人、女儿和
外孙在松花江太阳岛上

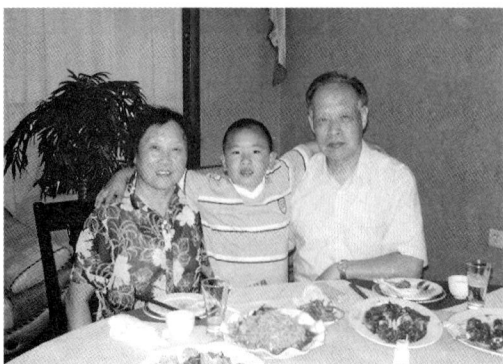

外孙贝贝同我和夫人
聚餐

往事琐谈

在后面跟队，影响他的学习情绪。现在他学习算比较强势，是班上的"学霸"，每学期都能得校长签署的优秀学生奖状。他准备读完高中到国外上大学，至于今后选什么职业我们也拿不定主意，要靠他自己探索，希望他今后能成才。如今，他有兴趣了解和认识世界新大陆，已被澳大利亚昆士兰大学录取，于2018年春节前只身前往澳洲，开始了大学生涯。

我很感激我的家人一直以来理解和支持我的工作。教师工作就是需要全身心的投入，也没有上班、下班之分，整天都在忙。另外因为做生产设计，出去调研、开会、出差也会比较多。从西藏回来以后，一直也都挺忙。对我来说，事业还是主要的，实际上我的家庭方面的压力，没有像现在的年轻人那么大，那时候可以一心扑在工作上，现在年轻人社会负担也多了，生活家庭负担也多些。总体来说，现在的年轻人头脑比较灵活一些，对事业有追求却不盲目，有自己的选择，比我们那时候还是有进步。

我们一家老少三代生活在一起，相处和谐，生活幸福，小外孙给我们增添了许多乐趣，他成了家庭生活一大亮点。如今他已经成长为高大强壮的小伙子，但毕竟还缺少锻炼和生活经验，最近两年他到外地求学让家庭有些孤寂，我们不免要惦记他在外的生活、学习和冷暖，增添了一份牵挂。

不虚度时光的一生

我们年轻时都看过《钢铁是怎样炼成的》，里面保尔·柯察金有这么句话，"一个人的生命应当这样度过：当他回首往事的时候不会因虚度年华而悔恨，也不会因碌碌无为而羞愧"。我这辈子也谈不上什么成就，但是很庆幸一直以来都兢兢业业，没有虚度时光，还是有些许作为。

我走上体育建筑设计和研究之路最初是出于偶然的任务，后来坚持发展下去是出于一种使命感，是一种自觉的行动。体育建筑涉及知识面广而深，有利于教学和研究，有利于综合能力的培养。长期攻坚一个类型，有利于深化学习，为学术研究和设计实践做出更大贡献。在做研究方面，一旦看准了方向就要全力以赴、坚韧不拔地走下去。我不大赞成赶时髦，不断换题，总是浮在表面上摸石头过河，这样不利于教学和生产。我深感学术界对设计界有不可推卸的责任，希望用研究成果、学术主张去推进设计实践的发展和水平的提升，早日跻身于国际先进行列，为国为民做出更多贡献。

我通过这么多年的努力工作，能够为哈工大的建筑学科做些事；能够尽自己所能，发挥点作用，为学校、为国家培养一些人才；能够在体育建筑这块有些研究、有些实践，也算是"不会因虚度年华而悔恨，也不会因碌碌无为而羞愧"了。此外，让我聊以自慰的是，奋发自强的精神，仍在我的家庭圈里延续。虽然当年选择这个行业也是因为机缘巧合，被裹挟在时代的前进步伐里，但是我在哈工大工作了一辈子，建筑教学、建筑设计工作也做了一辈子，逐渐对工作培养了感情，对体育建筑的研究和实践产生了深沉的热爱。探求我所投入一生时光的工作的动力，一半是责任心在驱使，一半更是对它的热爱。如果让我回到年轻的时候，让我可以重新选择专业，我还是会选择建筑设计这个行业，还是会和体育建筑结下不解的一世情缘。

我的一生经历比较坎坷，但在那个动荡年代并无奇特之处，不过这种环境有助于锤炼意志、激励进取精神。我的大学学习旅程，因工作需要被安排在结构和建筑两大专业中学习成长。我在漫长的工作旅程中还经历过工业建筑向民用建筑的转换，设计工作向民居研究的转换，工业建筑向体育场馆设计的转换，设计教学向设计研究等等的转换。这些大大小小的转换，大都由于涉足不深而难谈成就。然而这些大大小小不断的转换，却要不断学习，付出更多精力，同时也为我提供了兼收并蓄、取各科之长的机遇，为积累较广阔的知识和吸各家之长提供了机会，达到拓宽知识面和精进科研能力的成效，相辅相成，为实现良性互动创造了条件。我的专业成长就是在这种兼收并蓄、求索不已中取得一点点成绩，也许这是聊以自慰的罢了！

老骥伏枥，奉献余热

附录

梅季魁教授简介

梅季魁教授是全国著名体育建筑专家、建筑教育家，1950～1956年就读于哈尔滨工业大学土木系工民建专业，1956～1958年就读于同济大学建筑系研究生班。毕业后任教于哈尔滨工业大学土木系和哈尔滨建筑工程学院建筑系，曾任两届建筑系主任。1986年建立建筑设计及其理论博士点，任博士生导师，20世纪90年代设立博士后流动站，1990年创立建筑研究所并任所长。2000年随哈尔滨建筑大学（原哈尔滨建筑工程学院）回归哈尔滨工业大学，任教于建筑学院，2001年退休。梅季魁教授从事建筑教育50多年，培养博、硕士研究生50多名，获中国建筑学会"建筑教育特别奖"。从事体育场馆等大空间公共建筑设计研究50多年，发表论文50多篇，出版专著5部、参编3部。主持设计大中型工程项目40多项，建成近30项，获全国建筑创作奖和多项省部级优秀设计奖。参与北京奥运会等大型重点体育设施设计项目评审工作数十项。为我国体育建筑理论研究与设计实践，以及建筑教育事业做出了卓越贡献，功勋卓著，成绩斐然。

附录二

梅季魁教授生平大事记

年份（年.月.日）	年龄（岁）	事件
1930.10.28	0	出生于辽宁盖州市熊岳城海边的一个小村庄
1937	7	镶黄旗村上初小
1939	9	因病休学两年
1941	11	杨家屯小学继续上初小
1943	13	熊岳城上高小
1945	15	高小毕业；东北动乱
1946	16	考入熊岳城中学
1947	17	辗转到沈阳"东北流亡中学"
1949	19	考入沈阳农学院，来到哈尔滨
1950	20	考上哈工大，进入航空工程科
1951	21	进入哈工大土木系
1953	23	加入中国共产党
1956	26	哈工大毕业，留校，派去同济大学读研究生
1958	28	从同济大学毕业，回到哈工大任教
1959	29	与夫人结婚
1965	35	派去西藏支援
1968	38	女儿出生
1975	45	回到哈尔滨，留在哈工大任教
1978	48	作为全国首批招收研究生的四所院校之一，招收第一位研究生

年份（年.月.日）	年龄（岁）	事件
1983	53	担任系主任
1986	56	牵头建立建筑设计及其理论博士点，招收第一位博士生
1990	60	辞去系主任，创建建筑研究所
1997	67	出版著作《现代体育馆建筑设计》
1999	69	外孙出生
2000	70	退而不休，继续培养研究生和博士生
2002	72	出版著作《大跨建筑结构构思与结构选型》
2008	78	出版著作《奥运建筑：从古希腊文明到现代东方神韵》
2010	80	出版著作《体育建筑设计研究》《体育建筑设计作品选》
2012	82	正式退休

梅季魁教授实践工程概况

时期（年）	地点	项目	概况
1956	哈尔滨	哈工大学生宿舍	上万平方米规模
1958	富拉尔基	重型机械厂水压机车间	全国重点项目之一
1960年代初	哈尔滨	市万人冰球馆	竞标项目
		巨型速滑馆	
		省大型体育中心	
1965	加格达奇	加格达奇城市规划建设	城市规划及所有单体设计
1983～1986	吉林	吉林市冰上运动中心	3500座的冰球馆；练习馆；速滑场
1986～1988	北京	石景山体育馆	3000座的比赛馆；练习馆
1986～1988	北京	朝阳体育馆	3400座的比赛馆；练习馆
1991～1993	哈尔滨	黑龙江省体工一队综合训练房	5000平方米训练房及办公楼
1991～1998	汉中	陕西汉中体育馆	4000座的比赛馆；练习馆；俱乐部
1991～1995	哈尔滨	哈尔滨工业大学体育馆	3000座的主馆；篮球房
1993～2004	惠州	广东惠州体育馆	6600座的比赛馆
1994～1995	哈尔滨	黑龙江速滑馆	2000座的速滑馆
1994～1997	哈尔滨	黑龙江哈尔滨梦幻乐园	3.8万平方米水上休闲娱乐建筑
1995～1998	长春	长春五环运动休闲中心	5.4万平方米体育主题商业综合体建筑
2000～2003	大连	大连理工大学体育馆	3600座的体育馆；训练馆

时期（年）	地点	项目	概况
2002～2005	青岛	青岛大学体育馆	4200座的主馆
2002～2007	淮南	安徽淮南市文化体育中心	6800座的体育馆；1000座的训练馆；1000座的会议厅
2002～2010	深圳	深圳大学城体育中心	1.5万座的体育场；5600座的体育馆；2400座的游泳馆
2003～2007	沈阳	东北大学体育馆、游泳馆	4000座的体育馆；游泳馆
2005～2007	广州	广东外语外贸大学体育场馆	4400座的体育馆；650座的体育场
2007～2014	淮南	安徽淮南市奥林匹克公园及主体育场	整体规划；4.3万座的体育场
2009～2012	岳阳	湖南岳阳体育中心	2.3万座的体育场；8400座的体育馆；1000座的游泳馆

附录四

梅季魁教授获奖情况

项目获奖情况

编号	项目	奖项
1	吉林冰球馆	入选《中国现代美术全集》建筑艺术卷
2	石景山体育馆	机电部科技进步二等奖； 建设部优秀设计三等奖； "中国八十年代建筑艺术优秀作品评选"候选提名； 中国建筑学会新中国成立六十年建筑创作大奖提名奖； 入选《中国现代美术全集》建筑艺术卷
3	朝阳体育馆	机电部优秀设计一等奖； 建设部优秀设计三等奖； 中国建筑学会新中国成立六十年建筑创作大奖提名奖； 入选《中国现代美术全集》建筑艺术卷
4	黑龙江速滑馆	黑龙江省当代优秀建筑设计奖； 中国建筑学会第二届建筑创作奖； 中国建筑学会新中国成立六十年建筑创作大奖提名奖； 入选《中国现代美术全集》建筑艺术卷
5	黑龙江哈尔滨梦幻乐园	黑龙江省优秀建筑设计一等奖
6	大连理工大学体育馆	中国建筑学会新中国成立六十年建筑创作大奖提名奖
7	广东惠州体育馆	中国建筑学会新中国成立六十年建筑创作大奖提名奖
8	青岛大学体育馆	山东省优秀勘察设计二等奖； 青岛市优秀勘察设计一等奖
9	安徽淮南市文化体育中心	全国设计竞标一等奖； 中国建筑学会新中国成立六十年建筑创作大奖提名奖

个人获奖情况

序号	组织单位	奖项
1	建筑学会	建筑教育特别奖
2	建筑学会体育建筑分会	中国体育科学学会贡献奖
3	哈尔滨工业大学	风采老人奖
4	哈尔滨工业大学	李昌奖

附录五

梅季魁教授著作及论文名录

著作名录

序号	出版时间（年）	编著者	著作题目	出版社
1	1980	梅季魁等人	体育建筑设计专题研究	—
2	1999	梅季魁	现代体育馆建筑设计	黑龙江科学技术出版社
3	2002	梅季魁、刘德明、姚亚雄	大跨建筑结构构思与结构选型	中国建筑工业出版社
4	2008	梅季魁、孙一民、陆诗亮、罗鹏、尹慧英、饶洁	奥运建筑：从古希腊文明到现代东方神韵	湖南科技出版社
5	2010	梅季魁、王奎仁、姚亚雄、罗鹏	体育建筑设计研究	中国建筑工业出版社
6	2010	梅季魁、刘德明、孙一民、姚亚雄、刘宏伟、罗鹏、岳兵、庄楚龙、刘欣	体育建筑设计作品选	中国建筑工业出版社

论文名录

序号	时间（年.月）	作者	题目	发表机构
1	1959.09	梅季魁	大型体育馆的形式、采光及视觉质量问题	《建筑学报》
2	1980	梅季魁、郭恩章、张耀曾	多功能体育馆观众厅场地选型	《体育建筑设计专题研究》
3	1980	梅季魁、张耀曾	多功能体育馆观众厅的视觉质量	《体育建筑编文选》

序号	时间 （年.月）	作者	题目	发表机构
4	1981.04	梅季魁、郭恩章、张耀曾	多功能体育馆观众厅平面空间布局	《建筑学报》
5	1981.12	梅季魁、张耀曾、郭恩章	体育馆发展方向探讨	《建筑师》
6	1981.12	拉萨民居调研小组	拉萨民居	《建筑师》
7	1984.03	梅季魁	体育馆结构形式多样化初议	《建筑学报》
8	1984	梅季魁	拉萨民居	《建筑师》
9	1984.07	梅季魁	探索·创新·综合——全国中小型体育馆设计竞赛述评	《建筑学报》
10	1987.07	梅季魁	吉林冰上运动中心设计回顾	《建筑学报》
11	1987	梅季魁	中国体育设施发展展望	《西德汉诺威大学学术报告会编文选》
12	1989.02	梅季魁	建筑与环境的对立统一	《哈尔滨建筑工程学院学报》
13	1989	梅季魁	体育建筑的未来	《第二届全国体育科学学术报告会编文选》
14	1989.33	梅季魁	大空间公共建筑的未来	《建筑师》
15	1990.09	蔡鹤年、梅季魁	石景山体育馆	《建筑学报》
16	1990	梅季魁	挑战与机遇	《北京国际体育建筑学术会编文选》
17	1990.04	梅季魁	自律至善，情理相依——第11届亚运会排球馆和摔跤馆设计构思	《建筑与城市（香港）》
18	1990.09	梅季魁、蔡鹤年	朝阳体育馆	《建筑学报》

序号	时间（年.月）	作者	题目	发表机构
19	1990	王奎仁、梅季魁	更新观念，改善布局——体育建筑疏散方式探讨	《北京全国体育建筑学术会编文选》
20	1991.04	孙一民、梅季魁	高校多功能文体建筑研究	《哈尔滨建筑工程学院学报》
21	1992	梅季魁	体育设施发展战略探讨	深圳体育设施发展规划研讨会
22	1992.04	王奎仁、梅季魁	体育馆疏散方式探讨	《哈尔滨建筑工程学报》
23	1992	王奎仁、梅季魁	体育馆设计与建筑效益	建筑设计与综合效益学术会
24	1993.03	刘德明、梅季魁	开发地下空间，提高综合效益	《建筑学报》
25	1995.02	梅季魁、刘德明	哈尔滨辰龙康乐宫	《世界建筑导报》
26	1995.09	梅季魁、王奎仁、刘德明	探索与尝试——哈尔滨工业大学邵逸夫体育馆设计	《建筑学报》
27	1996.03	梅季魁	大空间公共建筑发展趋势与设计对策	《建筑学报》
28	1996.08	梅季魁	效率和品质的探求——黑龙江省速滑馆设计	《建筑学报》
29	1997	刘德明、梅季魁	提高认识，扩张城市公共空间	《中国建筑学会学术年会论文专辑》
30	1997.04	梅季魁	现代体育建筑发展动态	《时代建筑》
31	1997.11	梅季魁、刘德明、孙清军	休闲情趣与空间氛围——哈尔滨梦幻乐园设计	《建筑学报》
32	1997	姚亚雄、梅季魁	空间结构与建筑形态浅析	第八届空间结构学术会议
33	1998.03	梅季魁、刘德明	哈尔滨梦幻乐园	《中国建设发展》

序号	时间（年.月）	作者	题目	发表机构
34	1998.03	姚亚雄、梅季魁	空间结构形态与建筑的统一	《空间结构》
35	1999.09	刘德明、梅季魁、孙清军	拥抱阳光——梦幻乐园空间环境与节能设计	《建筑学报》
36	1999	刘德明、梅季魁、马英	冰雪运动设施规划设计发展趋势	全国体育建筑专业委员会
37	1999.03	梅季魁	体育场馆国际设计竞赛述评	《世界建筑》
38	1999.02	梅季魁、刘德明	古城新曲——汉中体育馆设计构思	《建筑学报》
39	1999	梅季魁、刘德明	第三届亚洲冬季运动会（中国.哈尔滨）体育设施	国际建协第二十届大会运动与休闲组论坛
40	1999.12	梅季魁	他山之石——国外体育场馆发展趋势	《广州体育建筑方案国际设计竞赛作品集》
41	2000	姚亚雄、梅季魁	大跨度建筑造型中的结构形态	第九届空间结构学术会议
42	2003	胡斌、梅季魁	形态生成的思维逻辑——对体育馆方案创作思维模式的解析	《哈尔滨工业大学学报》
43	2003.02	罗鹏、陆诗亮、梅季魁	复合型体育馆设计实践探索——广东惠州体育馆设计	《新建筑》
44	2003.11	罗鹏、梅季魁	奥运场馆形象创作研究	《哈尔滨工业大学学报》
45	2003	梅季魁、陆诗亮、罗鹏	新世纪的献礼——国家体育场（2008年奥运会主体育场）建筑概念设计国际竞赛方案述评	第三届全国现代结构工程学术研讨会
46	2003.02	梅季魁、姚亚雄、梅晓冰	奥运建筑与结构	《建筑学报》

序号	时间（年.月）	作者	题目	发表机构
47	2004.08	梅季魁	中国体育建筑发展特点概说	《建筑技术与设计》
48	2004.07	梅季魁、刘德明、罗鹏	环境·形象·空间——惠州体育中心设计	《建筑与文化》
49	2004.11	梅季魁、罗鹏、陆诗亮	惠州体育馆设计	《建筑学报》
50	2004.02	梅季魁、罗鹏	高校体育馆设计思辨——大连理工大学体育馆设计	《建筑学报》
51	2006.03	陆诗亮、梅季魁	技术与自然的和谐共生——当代体育场馆创作研究	《城市建筑》
52	2006.05	罗鹏、梅季魁	大型体育场馆动态适应性设计框架研究	《建筑学报》
53	2007.11	梅季魁	体育场馆建设刍议	《城市建筑》
54	2008.06	梅晓冰、罗鹏、梅季魁	中小型体育馆的用途与设计	《建筑学报》
55	2008.05	张姗姗、梅季魁	现代医院公共空间逻辑秩序的建立——辽宁营口市中心医院创作实践	《建筑学报》
56	2009.03	梅季魁、罗鹏、陆诗亮	复合、简约、回归——淮南市文化体育中心设计思考	《建筑学报》
57	2009.03	梅季魁、罗鹏	淮南市文化体育中心	《建筑学报》
58	2011.12	梅季魁	场馆建设的可持续发展问题	《建筑技艺》
59	2014.02	魏治平、梅季魁、黎晗	大型体育场馆看台口部设计研究	《建筑学报》

附录六

其他专家学者相关评论节选

汪正章

1990年代任合肥工业大学建筑学系教授、系主任

中国建筑学会八、九、十届理事

安徽省土建学会副理事长

国家一级注册建筑师

1991年获国务院政府特殊津贴

限于自己对体育馆建筑的孤陋寡闻，我一时还难以认定梅先生的设计作品是否如他那本《现代体育馆建筑设计》著作一样，具有考克斯所说的"世界水平"，但我至少可以断言，那是一些具有中国一流水准的建筑创作，而且也在一定程度上反映了当今中国乃至世界现代体育馆建筑发展的先进趋势。他的作品，多数规模不算太大，属3000～5000座位的中型体育馆，但大多都富于理性、个性和创新特色，尤为难能可贵的是表现了旗帜鲜明的现代建筑精神。中国现代建筑应当走向哪里？提倡什么？反对什么？人们从其作品所贯穿的有关功能与效益、空间与形式、技术与艺术以及建筑与环境、共性与个性、借鉴与创新、理论与实践等一系列设计理念中，不难得到有益的启示。

......

从作品到理念，从创作实践到理论思考，梅季魁教授的体育馆建筑设计都一以贯之，体现了现代建筑在功能、效益、空间、

形式、技术、艺术等方面的自律精神。除此以外，他还善于在创作中将建筑放在特定的城市环境中去思考，正确处理建筑与城市用地及其环境背景之间的"图底"关系，从而形成了"因地制宜""整合协调"的建筑与环境相统一的设计理念；他善于遵循现代建筑的普遍原理，又能依据不同体育馆的规模、性质、功能、技术、地区、环境等因素和条件，具体问题，区别对待，从而形成了"和而不同""统一变化"的共性与个性相统一的设计理念；他也善于广泛学习，研究和汲取国外现代体育馆建筑设计的先进技艺经验，学其所长，弃其所短，即使对世界级大师设计的名馆名作也不食洋不化，盲目追崇，从而形成了"开拓进取""科学务实"的借鉴与创新相统一的设计理念。他紧密结合体育馆创作实践进行理论研究，提出了现代体育馆设计中诸如"功能结构""场地选型""综合视点"等一系列理论见解，从而又对创作实践起到了有力的指导作用。对此，我们也可称其为"相辅相成""相得益彰"的理论与实践相统一的设计理念。正因为梅先生长期持续地从事体育馆设计，在理论上锲而不舍，在创作上坚持不懈，才使得他的体育馆作品技高一筹，独领风骚——"风景这边独好"。

……

梅季魁教授在体育馆建筑创作方面所取得的成就，正是由于改革开放这20年来，国家发展、社会进步加上其自身（包括他个人和他所领导的创作集体）努力奋进的双重作用的结果。

——《从作品到理念——梅季魁体育馆建筑设计读评》，汪正章
节录于杨永生主编的《建筑百家评论集》
中国建筑工业出版社，2000年出版

罗小未

同济大学教授
国务院学位委员会第二届学科评议组成员
上海市建筑学会第六届理事长
上海科学技术史学会第一届副理事长

1970年代末，好像是1978年，"文革"后第一次全国高校建筑与城市规划专业教材会议中，大家经过十年动乱与教育事业的荒芜，居然又能坐在一起讨论教学了，心中无不有一种文艺复兴似的兴奋之感。在阔别十载的同行交流中，回想起他在同济大学跟苏联专家进修时不过是一个二十余岁的小伙子，下了课后就无忧无虑地雀跃于篮球场上，现在却在娓娓而谈他对体育建筑的思考。当时冯纪忠教授说，这个年轻人探索路子是对的，体育馆建筑设计不是一般的建筑设计，他有深刻的结构与技术内容，有这方向的基础，会有成就的。今日我拿到季魁教授的《现代体育馆建筑设计》的手稿时，往事不禁历历在目。

……

《现代体育馆建筑设计》是一本好书。它把体育馆设计的过去与现在、国内与国外经验、理论与实践、设计方法与手法以及今后的发展方向阐述得淋漓尽致。这不仅是梅教授30年来专心致志、锲而不舍的研究成果，而且无论是对体育建筑有兴趣或对体育馆设计有兴趣的人来说都会是良师益友。

……

总而言之，我认为这是我迄今为止看到的最好的一本关于体育馆建筑设计的书。它符合我国的情况，又不为国情所囿，而是放眼世界与未来。这是梅教授数十年心血的结晶，我衷心向他祝贺。

——罗小未，1998年3月于同济大学

节录于《现代体育馆建筑设计》序，梅季魁著

黑龙江科学技术出版社，1999年出版

马国馨

北京市建筑设计研究院有限公司顾问总建筑师

中国工程院院士

全国工程勘察设计大师

1992年获国务院政府特殊津贴

梅先生从事建筑教育、建筑设计理论研究和建筑设计50余年，尤其在大空间公共建筑和体育建筑领域，潜心研究，多有创见，成果甚丰，被公认为这一领域有学术声望、有社会影响的业界前辈。

……

新中国成立后的60年间，体育设施和场馆的数量、质量、类型、现代化水准、艺术造型都有极大的飞跃和提高。这里凝聚了几代建筑师的筚路蓝缕，薪火传承。由出生于20世纪初的第一代建筑师如杨廷宝、杨锡镠、董大酉、林克明，经出生于20世纪一二十年代的徐尚志、汪定增、欧阳骖、周治良、葛如亮等，到出生于20世纪30年代前后的刘振秀、梅季魁、熊明、魏敦山、张家臣、周方中、黎佗芬等前辈，再到此后体育建筑设计队伍的不断壮大，就体现了这样一种传承和谱系。而梅先生所处的时代，正是新中国成立后由曲折发展，经改革开放而大显身手的那50多年。而他能在这一领域成为推动行业进步、引领学术潮流的翘楚，也有其与众不同的特色。

首先是梅先生在体育建筑和大空间公共建筑研究方向上的锲而不舍和一以贯之。文集中收录了他自1980～2009年时间跨度近30年的28篇论文。实际还远远不止于此，记得我还在上大学读书时就读过梅先生1959年在《建筑学报》上发表的"大型体育馆的形式、采光及视觉质量"的论文。从文集各部分中可以看出梅先生学术思想的发展历程，研究领域的不断扩展和深化。记得十几年前，我曾认为随着体育科学和建筑科学的发展，交叉学科、边缘学科和新兴学科将不断出现，诸如体育社会学、体育经济学、体育美学、体育建筑学等将形成一整套完备的体育科学体系。梅先生的成果中就有许多这样边缘、交叉的学术成果和高见。

……

其次，梅先生从业50多年来一直在高校从事教书育人工作，同时又把他的研究与教育紧密结合起来。大批学有专长、才思敏捷的桃李才俊出自他的门下。近年来，我多次有幸参与梅先生指导的研究生论文的评审，从中学习到很多东西，受到许多启发。同时也欣喜地看到在他的教导下，长江后浪推前浪，像孙一民、姚亚雄、陆诗亮、罗鹏等新秀很快就脱颖而出，崭露头角，在各自的岗位上发挥着重要的作用，这恐怕是比本书更为重要的另一些成果了。

……

还有一个重要特点是梅先生一直坚持教学、科研和设计实践的紧密结合。他既不是"述而不作"，也不是"作而不述"，而是把两者有机地结合起来。尤其是1990年后创建建筑研究所并任所长以来，其建筑创作也进入一个新的高潮。对于梅先生所领导的设计团队的建成作品，我只看过亚运会的朝阳体育馆和石景山体育馆，其余大多见于学术杂志和作品实录之中。但感觉无论在建筑造型、创意理念、功能使用，甚至包括高校设施、冰雪项目以及地方文体设施等不同类型方面，都表现出一种不断探索、不断前进、不断突破的努力。

……

梅先生待人宽厚、热情，虽已耄耋伞寿之年，仍是精力充沛、神采奕奕，耕耘不止。他至今仍在继续指导研究生，还在大江南北评审项目、咨询指导，还在亲手或指导完成各种设计项目。在他的文集即将付梓时，一方面表达我衷心的祝贺，同时也集成四句：

北国香雪伴春霏，清韵高格竞争辉。

白首丹心觅何处，老干新枝一树梅。

以此敬祝梅先生健康长寿，并作为此文的结束。

——马国馨，2010年5月5日于午夜

节录于《体育建筑设计研究》序，梅季魁著

中国建筑工业出版社，2010年出版

魏敦山

上海现代建筑设计集团魏敦山建筑创作研究室总建筑师

中国工程院院士

全国工程勘察设计大师

1991年获国务院政府特殊津贴

梅季魁教授在大空间公共建筑和体育建筑领域辛勤耕耘50余年，无论是在建筑教育、建筑设计理论研究方面，还是在建筑创作和设计方面，都有很高的造诣。他与同时代的著名建筑师一道成为新中国建筑设计领域的开拓者、引导者和实践者。

……

我也有机会到哈尔滨参加梅教授的研究生论文答辩，对梅教授一以贯之的学术思想有了较多的了解。特别是有幸参观了梅教授设计的哈尔滨梦幻乐园，令人兴奋不已，颇受启发。梅教授依据特殊的建筑功能和可能得到的先进技术及材料条件，果断地抛开了常见的建筑模式，创造出独树一帜的平面空间形式，既新颖又合理，营造出休闲设施的独特氛围，给我留下十分深刻的印象。此后，我国的体育设施建设如雨后春笋，蓬勃发展。这一良好势头至今不减。几十年来，我与梅教授的交往都是围绕着体育建筑的学术交流、工程考察、项目评审和研究生论文评审等工作进行的，彼此相互支持，并建立了个人的友谊。

……

梅教授在体育建筑方面进行了长期的、不间断的研究，内容涉及比赛场地布局、观众座席设置、观众视线分析、大空间结构选型等。研究内容全面、观点独特。其中许多研究成果已成为我国体育建筑设计规范的重要内容和体育建筑设计的依据及技术资料。我国近几十年来的体育建筑设计实践，为这些研究成果付诸实施和应用提供了良好的条件。梅教授长期不懈的努力证明，只有平时不断地研究和思考，进行大量的理论和技术积累，具备完善的知识基础和深厚的设计底蕴，才能在具体的设计实践中屡获佳绩。而那种仅靠偶然的机遇，单纯追求形式上的奇特而缺乏功能和技术依据的设计，只能名噪一时，无法获得持续的成功。

梅教授在体育建筑的教书和育人方面硕果累累，其众多弟子活跃在当今我国体育建筑设计的舞台上，在我国各类体育赛事的场馆建设中发挥了积极的作用，梅教授的设计思想也不断在其学生身上得以传承和发展。他所培养的学生中，姚亚雄、庄楚龙和刘欣曾在上海现代建筑设计集团魏敦山建筑创作研究室长期工作，协助我做了大量的体育建筑创作和设计，工作上成为我得力的助手。他们将学习研究中获得的新知识、新理念融入体育建筑的设计实践中，在功能、形态和技术等多个方向都得到了很好的体现。

......

我国体育建筑设计的竞争已逐渐走向专业化、国际化，但无论如何，还是离不开中国国情和时代需要。梅教授及其弟子在体育建筑设计方面所积累的研究成果和设计经验是我们体育建筑发展的宝贵财富。相信这些成果必将得到传承和不断发展，成为推进我国体育建筑事业发展的不竭动力。

——魏敦山，2010年9月30日

节录于《体育建筑设计作品选》序，梅季魁著

中国建筑工业出版社，2010年出版

附录七

弟子忆先生二三事

刘德明

哈尔滨工业大学建筑学院教授，博士生导师

哈尔滨工业大学建筑学院大空间建筑研究所所长

　　我本科毕业留校之初就参加了梅先生的一些项目，像吉林速滑馆、北京亚运的两个场馆。后来我在黄居真老师那念硕士，然后又去了美国MIT学习，回来以后读了梅先生的博士。梅先生想要我加入研究所，正好我硕士毕业后也想继续学习，有这个机会就过来和梅先生一起做一些项目。读博期间也做了很多项目，像梦幻乐园就基本贯穿了整个读博过程，我参与了从最初的方案设计到施工图到施工现场服务。同时进行的还有亚冬会的速滑馆，那时梅先生对我们也很放手，鼓励我们大胆去做，这对我们成长来说很重要。梅先生的视野特别宽阔，尤其是对结构方面特别了解，在专业结合方面的能力很难得。梅先生做方案的时候，一开始就会涉及技术方案，而且能够从技术方案的选择上获得建筑形象个性，这是梅先生做设计的特点。

　　梅先生在培养学生上会花很多精力，始终都是事必躬亲。我们所有个传统，就是对所里边研究生的指导，大家都会投入精力，一直到现在都是这样。像学生开题、中期检查、预答辩这些环节，几个老师会在所内一起给他们先进行一次，把把关。梅先生退休之后，只要身体好、在哈尔滨，他也会参与这些活动；甚至已经不是他名下的学生了，我们也会请他参与。

张珊珊

哈尔滨工业大学建筑学院教授，博士生导师

哈尔滨工业大学建筑学院公共建筑与环境研究所所长

1978年刚恢复高考没多久，我就考了哈工大，刘德明老师比我早半年入学。我在毕业那年考研究生的时候就报了梅先生作为导师，结果考试那天出了点状况没考上，就留校分配到工业建筑教研室工作。过了一年，我就读了我们教研室宿百昌老师的研究生。硕士毕业之后，也有考虑过要不要读梅先生的博士，但是那个年代女生读到硕士后一般都不会再念了，就没再继续。1995年以后，我就去哈工大设计院当副院长和总建筑师，这一去又是十年。在设计院那边更加没有读博士的想法。2006年我又回到建筑学院这边来做院长，回来以后一想可能是最后的机会了，就跟梅先生商量能不能再读一个博士，梅先生也就答应了。其实2003年我就已经报名了，但是在设计院那边的时候也没有怎么重视，回来之后我想着还是要把论文写完，我还得毕业，还得读完这个博士。梅先生也说："就是呀，赶紧嘛。"我回来抓紧写论文，2008年就毕业了。所以我是在梅先生要关门的时候，从门缝里挤进来的。

虽然我后来的研究是偏医疗建筑方向的，但我本科的毕业设计是做的体育馆，那个时候也跟梅先生接触最密切，觉得收获很多。还有他原来教我们"公共建筑设计原理"课，记得梅先生讲课特别精彩，在平淡之中也会告诉我们很多事。那个时候我们女生八人一个宿舍，回到宿舍里最有意思的就是模仿老师讲课，梅先生常说的一个口头禅是"效果十分生动"，我们就经常模仿这个，也挺有意思。后来梅先生不教课了，这门课就交给我来教。因为听他讲课好多年，我后来讲那门课的时候，也会不自觉地学习好多他的东西，梅先生也把他讲课的那些幻灯片给我，也算是一个传承。那个时候哈工大还有各种比较基础的原理课，比如民用建筑设计原理、住宅建筑设计原理、公共建筑设计原理，算几个大的主干课，现在这种课反倒少了。梅先生原来是系主任，特别严格，同学们也挺敬畏他，感觉他是哈工大这些老先生中特别有威严的一位。因为跟他还有一些渊源——他跟我父母是同学，所以我还不那么怕他，觉得他还挺亲切。他其实是特别严格地要求我们，但是又会对我们特别好。另外，当时我们班的教室和最早一届研究生的教室是对门，我们跟他们间的交流就比较多，也看到了梅先生怎么指导研究生，进行一对一的教学，从中我有很多收获。

我是很崇拜梅先生的，原来做学生的时候，我觉得老师让学生崇拜是很普通的，是理所当然的一个状态。后来自己当老师之后，才明白这个事情其实挺不容易，要靠很多专业的知识和人格的魅力，甚至包括平时很平淡的接触，所有的因素加在一起，构成整体的形象才能让学生崇拜，这些在梅先生身上是个很综合的体现。梅先生在全国学术界的地位也很高，可以说我们后来哈工大没有一个人能够超越他，前些年同济大学的钱峰老师来哈工大做讲座，都很谦虚地说我来这边是"班门弄斧"，哈工大的梅先生才是研究体育建筑的名家，而且是最早研究体育建筑、最早做出成果的一位老先生。所以，梅先生是我们哈工大的骄傲。

孙一民

华南理工大学建筑学院院长，博士生导师
长江学者特聘教授
亚热带建筑科学国家重点实验室常务副主任

哈工大其实具有非常独特的教育历史，从建校最初的俄式教育开始就一直比较注重建筑技术。1952年院系调整以后，中国的教育就趋同了，可哈工大一直到1956年才接受大一统的重新格式化，并保留了相当多的特色。梅先生接受了哈工大也是国内最后一批土木建筑的混合专业教育，这个也是1980年代哈建工在中国建筑教育界保留自己特色的很重要的一个原因。

我在这栋大楼里跟着梅先生所接受的教育深深地印刻在了骨子里。今天不管离哈尔滨有多远，我都能感受到梅先生对我的影响。从1959年梅先生在《建筑学报》上发表的文章（"大型体育馆的形式、采光及视觉质量问题"）可以看出，先生的视野非常宽。这篇文章有很深刻的结构背景，而且结合了西方类型学的一些思想，但又不桎梏于此，而是单刀直入地提出了相关见解。其中很多的分析图现在要画容易，但是当时这种从无到有的创造过程却不简单。作品会过时，但是这些研究是不会过时的。这一期《建筑学报》还有另外一位建筑学理论大家的文章。这两篇文章对比来看，另一篇文章整体都在谈美学的内容，基本上都不带数字，不涉及工程技术，完全是谈形式美，而梅先生这篇谈了建筑问题、结构问题，连施工、报价方面的问题都有。当时跟梅先生聊天还知道吴良镛先生看到这篇文章，评价这篇文章在建筑学的研究上具有跨时代的意义。这篇文章在1986年哈工大的博士点评定上也起到了很大的作用，那时候评博士点还不是看文章数量、三大索引，那时候是真正看文章的含金量，而这篇文章的含金量真正是非常高，而且浓缩在每一个字里边。后来梅老师给我们带"公共建筑设计原理"的课程，也讲了这文章里面的很多内容。梅先生教学严格、考试也严格，我们都学得很扎实。当时考试就考梅先生从第一节课到最后一节课讲课的内容，我还记得考试的时候，大家抽签进到二楼的一间教室，一边是郭老师，一边是梅老师，哪个老师空出来了就到哪个老师那里去考，大家都在躲梅老师，到了最后，大家说什么也不上去，没办法我就去了梅老师那里。所以那时候的公共原理课，包括后来梅老师对我们的教导，在我脑海里刻了非常深的一个印记。到了2004年我做奥运投标的时候，我们团队以前也没有经验，几乎所有的事情都是直接来问我。那个时候已经好多年不做体育建筑，又忙得根本没有时间去翻资料，但是所有的问题来了我可以立马回答对和错，我跟他们说我忘了理由是什么，你们自己去找，但是结论肯定是这样。这就是从公共原理课开始在梅先生处的所学给我留下的深刻印记。

梅先生在结构方面的研究具有很深的基础，印象比较深的是跟着梅先生做本科毕业设计的时候，当时梅先生说有个同学的方案结构通不过。这位同学花了好几天时间自己去验算，后来再找梅老师看图，特别理直气壮地跟梅先生说这个结构行，我算过。然后他跟梅先生争了一上午，最后发现还是不行。梅先生做设计的时候总是会花很多的精力在结构上，所以结构专业跟梅老师合作比较容易，因为很多事情在建筑层面已经解决掉了。在梅先生所有作品中，吉林冰球馆对我的影响最大。做吉林冰球馆的时候，全系的老师、各个教研室都有参加这个项目，那时候我们没有手机可以拍照，也没有微信可以将当时的情景记录下来，但是这些情景深深地印刻在了我的脑海里边。我们本科生从门外过，能看到二楼的办公室里边梅先生在里面工作，我还记得梅先生戴着眼镜审图的剪影；记得郭恩章先生抱着零号图板画图的情景；记得因为长时间的工作，好多老师满眼通红的状态。吉林冰球馆建成后，我们去现场调研时，也给我留下特别深刻的印象。当我们穿过窄小的门厅空间，进到大厅之后，天然光照射进来，亮堂的大厅空间给我们很大的震撼。这一幕给我的震动，也是我这些年来做体育馆一直坚持要做天然采光的原因。当时出去调研最难的是进入场馆之后拍不了照，1980年代的体育馆大厅大多都是没有做自然采光的黑空间，我们去调研要非常不好意思地磨别人，能不能开一下灯，开一盏灯都行。那时候开灯很难，要报领导，因为开灯会有开销，甚至说灯泡还要折算使用寿命。但是在吉林冰球馆完全不用开灯就有很好的效果。另外，我们在现场的时候听场馆人员抱怨说漏雨，说这是教师做的，不懂体育建筑，回来先生说，技术教研室的人都参与了构造设计，是完全不会有问题的，主要原因还是野蛮施工。这种情况也给了我警醒，所以我在后来的实践中，都不会把天窗做成水平面。不单是因为我们做的时候，没有水平深厚的建筑技术教研室来帮忙，更重要的是再野蛮的施工，做个侧窗应该不难，漏雨的情况也会少些。亚运会那两个馆也是少见的作品，不但建筑与地形的处理关系很新颖，扭壳结构在国内场馆中也没有多少先例。当时我们很多技术都很先进，场馆的有机玻璃实体模型也是我们自己做的。我印象最深的是王奎仁师弟发明了一个方法，先把有机玻璃放在一个照相烘干的机器上烤软，然后套到一个泡沫塑料做出来的模子上面，一压就出了这个双曲面。其实我们当时的先进性都到了国内大设计院没有办法承接的程度，像亚运会两个馆我们由于只出到方案，很多内容都被强行改动了：朝阳体育馆的悬索结构是柔性的，而且超过了代代木体育馆的先进性，但是最后的结果是负责施工图的机械委的结构专业还是不敢做，最后加了个刚性的结构；还有梅先生最耿耿于怀的"子午门"，这个门往上走是观众出入口，中间往下走是内部人员的进出口，如果走错了的话，两种流线都会交合在一起。这些情况的发生，都是因为当时没有一个法定的初步设计，而且合作的时候也没有签什么可以约束施工图的条款。所以从这之后，我几乎没有签过直接把方案给别人的合同。在最艰苦的时候我也要做完初步设计，这样至少我有一个依据，施工图必须要按着我的初步设计来做。这些也是我跟着梅先生感受到的一些东西。

对于梅先生来说，我觉得所有的称号都是应该的，而且那些称号不能完全说明先生真正的成就。我也是听国家体委的人讲，当年体育界对体育建筑有个说法叫"南葛北梅"，南方就是同济大学的葛如亮教授，北方就是哈建工的梅季魁教授。先生对哈建工贡献非常大，特别是1986年教授的成功评定，帮助哈建工建筑系破了没有教授的局面，同时我们得到了当时国内为数不多的建筑设计的博士点。我是1981年入学，入学的时候正好是哈建工唯一的教授去世。然后1986年又有了教授，同时又拿到了博士点，这几个台阶一起上，在今天的学科建设里来看其实是几乎不可能的，所以那时候真的是很不容易的，而现在往回看，意义更重大。后来各种各样的荣誉、职位越来越多，但是都不足以说明梅先生的成就。梅先生在我们这些弟子心目中是无冕之王。

蔡军

上海交通大学船舶海洋与建筑工程学院建筑系教授，博士生导师

我是1983年进入哈建工读本科，毕业以后就直接被保送读梅先生的硕士研究生，硕士毕业后留校当老师。1994年我去日本留学，2002年回国后，就到上海交通大学任教一直到现在。

最开始了解梅先生是我们读本科的时候，梅先生给我们上"结构选型"课。梅先生学识渊博，讲了很多国外的实例，极大地激发我致力于大跨建筑设计的兴趣。报导师时梅先生并不认识我，而我年纪小比较单纯，也没想到要先和导师沟通，保送填表的时候就直接填了梅先生。后来我听别的老师说，梅先生拿到报名表还搞不清这个蔡军是男同学还是女同学，现在回想起来挺有意思。在求学过程中，印象最深的还是到先生家里面修改论文的经历。梅先生对我们开题前的指导、题目的选择、答辩前的辅导都非常细致，在论文修改上也是逐字逐句进行修改，改得很详细，让人印象深刻。还记得有次梅先生召集我们这届和前几届的学生，谈了一些选题目方面的意见，给我们介绍中国体育建筑研究的现状、研究的学者、所面临的问题，让我们获益良多。

梅先生对我后来的事业发展也有深刻的影响。我在日本留学时面临过很多困难，尤其是语言，因为我原本只学过英语，日语基础为零，刚进入研究室时和日本导师交流也很困难。但是因为有在梅老师处的求学经历，对研究方法还是比较了解，这对我读博士很有益处。先生在体育建筑领域的成就，对我影响很深。我现在也给研究生讲 "大空间公共建筑设计"的课，讲课过程中我经常会提到先生的作品，也会引用先生论著中好多内容到课件

里，学生也很感兴趣。虽然我在日本攻读博士及做博士后研究期间主攻东亚建筑史方向，与硕士期间研究方向大相径庭，但我始终对大跨建筑相关研究和设计均情有独钟、割舍不掉。所以我现在的研究领域主要为两部分：一为大空间公共建筑；二为建筑史。看上去这两部分内容也格格不入，当初研究建筑史也不完全是我自己的主观意愿，但研究下来发现这两部分内容结合起来其实非常好，在研究和做实际项目的过程中，比别人可能多了一个思路，有的时候用中国传统的东西或手法对大跨建筑进行解释，可能会产生意想不到的效果。

梅先生不但学术做得非常棒，他的生活安排也特别好。印象中我去先生家找他看论文的时候，先生经常是在看新闻，这说明先生并不仅仅是学究型的学者，而是对其他事情都很感兴趣。所以我对自己的要求也是这样，希望生活是丰富多彩的，工作和自己的兴趣爱好相结合。

周宏年

高级建筑师
上海麦塔城市规划设计研究院副总规划师，总建筑师，
副总经理

我是规划85级的，工作以后又转做了建筑，我就想读个建筑学的研究生，经好多师兄们介绍，认识了梅先生，面试了以后也对我比较满意，我就入学了。所以我本身是学规划专业的，研究生是建筑学专业，也算跨学科了。在我人生的转折点上，梅先生给了我很大的帮助。我自认为我还是挺受梅先生喜欢，一方面我在学习等各方面都挺认真，另一方面我也是很欣赏梅老师，比较听他的教导，所以他对我也比较满意，毕业后他把我留研究所工作了一年，后来由于种种原因就离开学校到设计院工作了。在求学过程中，梅先生给我印象最深的是从做方案到指导我们的论文，他都非常细致。他给学生们指导论文，都会写出提纲来，然后讨论，之后给我们修改。梅先生也很严谨，无论做设计还是做学术都很严谨，对任何细小的事情都会尽心尽力。梅先生对体育事业的坚持尤其难得，也是坚持才能有这些丰硕成果。另外，梅老师也比较喜欢体育锻炼，乒乓球也打得挺好，平时工作中，中午的时候跟梅先生打得比较多。虽然我现在做体育建筑比较少，但我做过的齐齐哈尔大学体育馆，受梅先生影响很大。梅先生在做人、做事各方面对我都影响深远。

姚亚雄

高级建筑师
曾任华建集团华盖院副总建筑师、都市院副总建筑师，
现任华建数创公司设计总监

1996年我开始跟随梅先生攻读博士研究生学位的时候，已是同济大学教师。我本科读的是工业与民用建筑专业，研究生读的是结构工程专业。留校任教后，经过几年的教学科研，特别是参与了同济设计院的多个工程设计项目后，深感建筑与结构专业合作的重要性。从小受毕业于同济大学、从事建筑设计的父亲的影响，耳濡目染，我对建筑设计工作并不陌生。自恃有一定的绘画与建筑功底，我萌生了在博士研究生阶段改学建筑学的想法。在父亲以及戴复东、钮宏等老教师的鼓励下，我开始报考建筑系的博士研究生。然而，1995年的同济建筑系正是青黄不接的时期，戴复东（若干年后当选院士）、罗小未等一批老教师一刀切地纷纷"被退休"，建筑设计及其理论专业只有卢济威和莫天伟两位博士生导师。选择哪位导师更能符合自己建筑与结构相结合的初衷呢？这使我非常困惑。我与时任同济大学建筑系系主任的卢济威教授商议后，他认为，大跨度体育建筑的研究方向最有利于建筑与结构的结合，而且他说，从目前国内的情况看，"体育建筑设计做得最多、最好的博士导师是哈尔滨的梅季魁教授"。在征得我同意之后，他为我给梅先生写了推荐信。这样，我就与梅先生建立了联系。后来，我顺利考取了哈建大的博士研究生。

1996年5月初，我到哈建大第一次见到梅先生。他言语坦诚、思维缜密、办事认真，给我留下了深刻印象。他对体育建筑

267

设计倾注了极大的热情，对建筑造型与功能的关系把握得十分精到，对结构选型和技术实现的合理性更是胸有成竹。我对建筑研究所的印象是，走廊宣传栏上展示了体育建筑设计成果，过道里摆的乒乓球桌格外醒目，体育氛围浓郁。

我自己深知，从事建筑设计必须具备扎实的专业基础。要成为一名真正的建筑师，全面而正规的专业教育是必不可少的。为了完善知识结构，在同济大学这边，我由卢济威先生安排，旁听了当时同济建筑学本科大部分专业课程和部分研究生课程，自己也做设计作业。同时，还跟随系里贾瑞云等老教师与其他博士生一道参与本科生教学的改图、评图和讨论，带学生外出实习，既做学生，又当老师。后来，卢先生还安排由我为同济大学研究生上结构选型课，我将结构形态构思的概念传授给研究生们，在课业考核方面布置了体育建筑的结构形态设计题目，前后坚持了两届。这段自加压力、紧张充实的学习、带教和教学过程，让我受益匪浅。可以说，我的博士学位是哈建大和同济大学联合培养的结果，梅先生和卢先生的关怀令我终生难忘。

按照梅先生的安排，我的研究方向是大跨公共建筑设计及其与空间结构的关系，这也正合我意：既可以充分发挥自己的结构专长，又可以在建筑形态构思和空间想象力方面施展才能。当时的互联网既不普及，又缺乏信息。我对国内外新知识的了解主要靠泡图书馆，大量阅读中外期刊和专业文献；资料整理靠复印和翻拍彩色胶片。后来完成的学位论文"建筑创作与结构形态"有幸被推荐为哈工大优秀论文，这与丰富充实的文献积累作基础不无关系。在梅先生的安排下，作为建筑学的学位论文，我的论文评审和答辩会除了请建筑专家外，还安排了结构专家。为我写论文评审意见的除了建筑学专业的马国馨院士、卢济威教授和聂兰生教授等人之外，还有空间结构专家董石麟院士和蓝天教授，参加论文答辩的有本校结构专业的沈世钊院士和张耀春教授。在后来举行的哈工大授予博士学位的毕业典礼上，我有幸作为全体博士毕业生的代表发言，倍感自豪。

当时我是同济大学结构专业的在职教师、研究生导师，科研、教学、创收和管理等工作集于一身，已经很忙，如果在本专业循规蹈矩地读一个在职博士学位，这在别人看来是顺理成章的事。可偏偏是自己的不安分，促使自己要发挥潜能、改变自我，改读建筑专业博士，后来又决意离开已学习、工作和生活了19年的同济大学，成为设计院里一名真正的建筑师。现在回想起来，自己当年满怀一腔热情，跨学校、跨学科攻读博士学位，在有限的时间内，保质保量地完成学业，实属不易。梅先生对学生要求严格，这在系里是出了名的，我当然也丝毫不敢松懈。更重要的是，我所追求的理想与梅先生的研究内容有着强烈的共鸣，所焕发出的动力促使自己按照梅先生指点的方向尽力做到最好。

专业调研是做论文研究的必要一环。有赖于梅先生在业内的崇高威望，我作为他的学生，每到一处，各大院校负责接待的专家、校友都是有问必答、热情回复，令自己收获颇丰。特别是将我引荐给魏敦山大师（后来当选为院士），使我的研究工作与工程实践结合得更加紧密。我后来在毕业不久，很快成为魏总的一名助手，这使我在体育建筑的发展方面驶上了快车道。

梅先生是一位多产的体育建筑设计大师。通过参与方案讨论，我可以从先生的讲解和评论中把握真谛；跟随先生外出做工程设计调研，更能从观察大师的"一招一式"中悟得真本领。

梅先生还推荐我参加空间结构和体育建筑的学术交流活动，使我在这两个领域内及时了解最新成果。近二十年来，我借助这些平台，不仅扩充了专业知识，还展示了自己的研究和设计成果，逐渐融入了空间结构和体育建筑的全国性学术组织，成为其中一员。梅先生等老一辈专家的提携，使我能与业内顶级专家为伍，交流切磋，获益匪浅。我有幸参与梅先生多部学术专著的撰写，这也是锻炼和提升自己的重要机遇。

我在哈建大待的时间不是很长，而且活动范围主要在建筑研究所，再有就是老土木楼里的建筑系。接触较多的专业老师，除了梅先生外，还有侯幼彬和郭恩章两位先生。当时，梅先生的建筑研究所里，还有刘德明、杨莉和马英三位老师。马英是在职博士生，后来还做了我的博士答辩秘书。我博士毕业前，哈建大刚刚回归并更名为哈工大，当时所里有几位比较熟悉的学生，那年王冰冰和刘宏伟两位硕士毕业，罗鹏和陆诗亮两位硕士在读。如今，他们都已成长为业界精英，大家一道把梅先生开创的事业发扬光大。

在梅先生的诸多作品中，我对石景山体育馆印象最为深刻。除了结合地块形状设计了三角形平面、通过下沉处理减小体量外，建筑造型与结构选型的结合非常成功，六边形内场和不对称座席布局也令人眼界大开，体现出梅先生设计手法娴熟、技术构思老道。这些可圈可点的设计方法也一直是我后来职业生涯中经常回味和效仿的样板。

用数字说话，用图示分析，这是我总结梅先生撰写的学术论文和专著中的最重要的特点。他的文章与常见的以主观述评为主、高谈阔论的务虚式建筑学文章有着鲜明的对比。读了他的文章，我们能够悟到严谨的治学态度，学到可行的设计操作方法，得到符合未来专业走向的正确结论。这与梅先生先后在哈工大和同济大学求学的经历有关，更与他不断进取的探索精神分不开。用同济大学的"严谨求实"和哈工大的"功夫到家"两条校训来描述是最为贴切的。

在毕业后的这十多年里，我按照梅先生当年的教导，坚持把建筑与结构的有机结合放在建筑设计的首位，以结构形态的构思贯穿于建筑创作的始终，力争用真实的结构实现真实的建筑空间，用完美的结构构筑完美的建筑形态，以结构的创新促进建筑的创新。梅先生对我事业上的关心也是绵延不断的。在我主持的项目遇到困难的时候，能够及时得到梅先生的帮助和指点；在我获得一些成绩的时候，也能及时得到梅先生的鼓励并与其分享快乐。他是我终身的导师。

孙伟

北京交通大学建筑与艺术学院副教授，硕士生导师

我是1994年入师门，成为梅先生的硕士研究生的。

第一次见到梅先生是在办公室，当时觉得梅先生很有风度但也很严肃，后来跟梅老师接触多了就觉得梅先生是很和蔼而且非常儒雅的学者。进入研究所很快就开始做项目了，梅先生还很正式地给我们讲授了大跨建筑的内容。当时所里边研究生还不是很多，梅先生特别认真地给我们讲了大跨建筑的设计理论和方法。这个课程内容是我本科的时候从来没有接触过的，收获非常大！读研期间我参与了新加坡投资的梦幻乐园的设计。当时在寒地地区做这样大型的、包含一些造浪设施的室内戏水乐园是具有首创性的，很多设计技术都极富挑战，后来在梅老师的主持下许多问题都解决了，顺利完成工程建设，而且后期运营也非常好。我们这届还赶上了梅先生编写的《建筑设计资料集》"体育建筑"部分，还跟着梅先生和刘德明老师一起做了速滑馆。

梅先生那时候项目排得很紧，但在学生论文上他会花费很大的精力。当时我们写论文还是用手写，还没有计算机。我提交给先生的论文，先生会用铅笔几乎是逐字逐句地修改。再交一稿时，先生会用红笔给我改，非常细致。这些逐字逐句的批改，实在让我受益终身。梅先生当年给我改稿子的手稿我都还保存着。先生严谨治学、教诲学生的态度，值得敬仰。

梅先生在学业上对我们要求严格，但在其他方面还是很随和的。当时我们做项目有时候加班，学校后院食堂有个挺简陋的单

间，梅先生就带我们几个研究生去那里吃饭，边吃边聊。印象比较深的是梅先生喜欢点葱油鲤鱼。最快乐的事情是有时候项目结束了或者某个学生毕业了，梅先生会把在校的学生召集到一起吃顿高档的。我们还去过梅先生家，栗姨下厨给我们做美味佳肴。后来，我毕业工作了。有一天，接到先生的电话，说以前做的项目得奖了，有你的一份荣誉，让我去拿奖状，当时我特别感动。梅先生在校的学生这么多，对毕业了的学生还这样关心和爱护，这种师门的归属感，让人感到亲切而自豪。能成为梅先生的弟子，我觉得非常幸运。

武秀军

高级建筑师

绿盟（国际）北京工程设计有限公司，董事长

我本科就读于沈阳建筑大学，毕业后在北京工作了三年，1998~2001年间在梅先生处读的硕士研究生。进入研究所后，觉得这种大跨建筑技术还是有些难度的，我参与了大连理工大学体育馆、长安镇体育馆的施工图。当时梅先生带着我们，不仅在宏观方面把握得比较准确，也会亲自对我们的详图节点的绘制进行指导。当时我们的学习生活相对比较自由，会根据项目实际进展情况来安排，先生也没有刻意强调一定要待在研究所，但是大家认真工作的气氛比我们在实际工作中的气氛还要浓厚，而且我觉得研究所的师兄们业务能力都很强，学习态度也很认真，让我印象比较深刻。

梅先生是位治学严谨、学识渊博、和蔼可亲的长者，具有坚忍不拔的精神和对学术持之以恒的追求。一方面，梅先生的工作方法和工作态度对我影响比较大。他不但在项目的把控上具有宏观意识，对技术的追求也很有创新精神。梅先生给研究所配置的电脑、设备等都是当时最好的，反映了他对整个行业的追求。对新工具的应用，也是一种比较超前的创新精神。另一方面，梅先生"活到老，学到老"的精神也对我影响比较大。我过来学习的时候，先生年纪已经比较大了，但先生做设计的精神还很高，他总是告诉大家，我们还有很多的时间，还有很长的路要去走。先生不懈工作的精神一直对我以后的工作有很大的影响。

另外，先生对学生的缺点和犯的一些错误都非常包容，也不会很严厉的批评，而是一种循循善诱的态度去引导。所以我们研究所的气氛挺好，我们的求学过程是个学习和工作完全融合的过程。

陆诗亮

哈尔滨工业大学建筑学院副教授，博士生导师

哈尔滨工业大学建筑设计研究院城市建筑分院院长

哈尔滨工业大学城市规划设计研究院大地分院院长

我于1992年哈工大（原哈建工）本科入学，1997年在孙清军老师门下读的硕士，2000年保送读的梅老师的博士研究生，然后留校当老师，也从事生产；后来我还在沈世钊先生那里读了博士后，是个标准的哈工大人。我们那一届，梅先生有三个博士。在之前好多年，梅先生都是一个半个地招博士，因为那时候大家都不太愿意读博士，我们这届招得比较多。我是这一届年龄最小的。另外两位中，一位是在教学一线工作了很多年的李玲玲老师，另一位是王正刚。王正刚师兄非常尊师重教，在学习态度方面也有很严格的自我要求。

初见梅先生的时候，觉得他很随和，但是随着接触的深入，他对我们的要求就会逐渐深化严格。来研究所后，我主要参与了惠州体育馆、东北大学体育馆与游泳馆、大连理工大学体育馆和淮南体育文化中心的工程实践。我印象最深的是先生治学的严谨。我还记得在做大连理工体育馆的时候，先生也在画草图，画得非常认真细致。先生画草图的时候，一般是以平、立、剖为主的形式来探讨方案，也会有轴测，而且草图上每一格都会有大小和数字的标注。先生随身会带一个很小的尺，有时候觉得拿不准，还会把小尺拿出来校准一下，非常严谨。先生对学生也很好，有一年吉林很多化工厂爆炸，污染了松花江的水，哈尔滨闹水荒，全市停水。先生就带着我们去全国考察了十天，避过了水荒。平时先生对我们的家人也都很关心。总的来说，我在先生门

276

下的求学经历可以用几个词来概括:

这是一场看见。先生为我们提供了体育建筑这一方向和一个很好的平台,使我们看到了未来的工作期望。

这是一场遇见。先生是一个很执着的人,他在很多方面坚持自己的理念。这是因为他自己有很深厚的功底。梅先生和沈世钊先生都是有结构和建筑的双重背景的学者,所以先生在教学生做设计的时候会坚持从结构出发,常常以受力简图的方式进行方案的推导。在设计过程中,先生始终坚持结构性和经济性。此外,先生对体育建筑场地比较强调。中国的一代场地、二代场地、三代场地,从最开始的一块篮球场、二块篮球场、三块篮球场,一直到我们惠州项目做到了四块篮球场。当时的尺寸是45×75米,从现在来看,是多功能场地的一个概念尺寸。先生能提出这样一个尺寸,是符合当时社会发展现实需求的。另外,先生在设计中并不会去强调建筑像什么、是什么,也不热衷建筑表皮语言,更不会追求当下流行的建筑语言和符号。先生的这些设计思维我也沿用在我的研究生教学中。

这也是一场懂得。当年我们在外面偶尔也"炒炒更",梅老师比较反对,他认为学生在外面"炒更",从专业宏观方面来看,恐怕会浪费精力,不如相比艰苦一点,把学业做好做专。先生对我们的要求,当时会有些难以理解,反倒是离开先生之后,才回味出来先生说的很多事是对的。这些年在我的研究和思考中,总是在反思这些年我所受的教育。教育是需要继承的,但也同样需要反思,才能形成一个不断推动的发展,如果只是完整地接受,不是一个可持续的学术方式。现在离先生越远,越体会到先生的教育对我的影响之大。

罗鹏

哈尔滨工业大学建筑学院副教授，硕士导师

哈尔滨工业大学建筑学院副院长，大空间建筑研究所副所长

我研究生入学是1999年，读本科的时候就对梅先生很仰慕，确定保研后经师兄引荐报了梅先生的研究生。第一次在所里跟梅先生见面的时候很紧张，但梅先生很和蔼，问了问我的基本情况就同意接收我了。读了一年半研究生后，免推直接攻博，边学习边参与实际项目，在这个过程中学到了很多的东西。第一个项目是刚刚入所做惠州体育馆。项目开始时所有人都要出方案，我当时也出了个方案，就是最后那个实施方案的雏形。当时我也是战战兢兢，经过讨论梅先生认为这个想法还挺有特色，后来大家就一起把这个想法深入了下去。惠州这个项目拖的时间很长，投标三次，三次都中了，但是又停了，1999年我们又重新开始投标才最后确定给我们做，大家都戏称这个项目为"八年抗战"。梅先生对项目的坚持和对社会的关注让我很佩服。为了这个项目我们也是多次跑到广东去。

梅先生强调实践对于研究生教育的重要性，我感触最深的是通过理论学习与设计实践的结合，建立了较为宏观的建筑观。在梅先生这里，除了建筑创作以外，还能够全面地接触到作为一个职业建筑师、一个项目负责人所能够接触到的一系列工作。我研一的时候，梅先生就领着我到处去跑，包括从开始接项目、报名、参与投标、中标之后相关合同的谈判，后期项目的实施，各专业的组织，初步设计的汇报，后期服务，以及跟甲方不断的沟通。从这个过程中，理解到建筑学是一个综合性很强的学科，作

为一名建筑师除了要有创作能力，还必须学会对项目的宏观把控，以及与各个专业和各个部门的协调，包括跟甲方进行沟通和交流。在这个过程中，我收获非常多，很多东西是其他同学在学校学习阶段难以学到的，但是梅先生给了我们很多机会。另外，梅先生的团队是个大团队，除了我们这些学生，还有施工图阶段以及结构、暖通等各专业长期的合作者，我们一入团队，跟各个专业之间的交流就很多，而且从方案之初，各个专业就会参与进来。所以能体验到建筑和技术各方面的合作，也学到不少知识和经验。梅先生因为有很深的结构功底，在创作中关注的也不是形象之类比较虚的东西，而是场地关系、视线设计、结构选型等实际问题。梅先生画草图也是先设计场地，布置座席，再和结构配合生成形态。

梅先生的创作实践有两个特征：一个是建筑和技术结合的综合创作观；二是对社会的关注。他强调设计创新和科学研究必须从社会实际需求出发，服务于社会实践，做到"产、学、研"的有机结合。所以除了做方案，他还给了我们很多调研的机会，有时候是领着我们，有时候是给我们布置任务。所以我在研究生阶段，去国内各地包括香港等都有调研过场馆。期间还参与过一些会议，是梅先生手把手把我们带入了学术圈，让我们知道这其中涉及的社会问题，然后从社会现状中寻找课题。现在国内很多把训练馆和体育馆比赛厅空间复合在一起的做法，就是那时候我们跟着梅先生出去调研提出来的新想法，并在深圳大学城体育馆里进行了实践。这种做法现在比较多了，当时还是比较新的。在我读研期间，研究所有很多领先的东西，包括我们一些建模的手段。当时效果图公司比较少，只有北京、上海有，但是有些复杂形体他们也不会建模，还是我们用CAD来建屋盖、网架、幕墙等体育馆的三维曲面，模型建好后再拿过去给他们做后期的渲染工作。从梅老师的实践经历来说，他很早就在带领学生进行工程实践，所以梅老师这边的教学特点之一是以项目为载体，要学生们在实践中进行学习、研究与创新。

梅先生丝毫不摆架子。多次跟梅先生出差，我们都住在同一间房。记忆犹新的是，有一次跟梅先生去外地投标，回来的时候买不到票，好不容易买到两张硬卧票，当时硬卧的条件跟现在差得很远，车厢里面飘着很重的异味。梅先生当时年纪已经很大了，又是著名的学者，却能跟我们一起吃苦，让人感动。

梅先生很注重整个团队的建设。每天上午工作完，中午梅先生就领着我们去吃饭，大家就在饭桌上交流。吃完饭回来，我们所里有个乒乓球台，师生就在一起打乒乓球，然后接着工作，有时候工作到很晚，但大家精神饱满、气氛融洽、干劲十足。我们笑谈我们的"体育建筑研究所"是"体育研究所"加"建筑研究所"。当时大家不光是在一起工作，更是在一起战斗、一起生活。梅先生有时候还会领着我们一起郊游，梅先生当时已经七十多岁高龄了，还领着我们一起滑雪，一起到镜泊湖，有时候梅先生的外孙贝贝也会参与，有时候师母也会参加。大家不是简单的师徒关系，而是一个大家庭，感情都很深，让人非常有归属感。

我的专业之路是梅先生领我进的门，师从梅先生之后我才认识到大空间公共建筑领域的知识和其创作过程中的独特魅力，也更了解了建筑学的全面性，从而逐渐在跟梅先生的学习过程中梳理了自己的建筑观。特别是近些年我也开始执教，也独立主持工程项目，也走过弯路，再来回味，体会更深。跟梅先生不但是专业的学习、做人的学习，还有师生的情谊。梅先生对我们学习、工作和生活都特别关照，我觉得这超越了一般的师徒关系。在学业上我们是师生关系，在工作上我们是先生的助手，在生活中我们是一个大家庭。梅先生和师母以及工作室的杨莉等老师都给了我们特别多的关照。我作为学生，在专业上逐渐成长；作为个人，从单身到恋爱、结婚的这些人生中最重要的时刻，都有梅先生和研究所各位老师、同门师兄弟的参与和见证。在跟梅先生相处的过程中，感觉梅先生就像父亲一样对待我，现在虽然工作渐忙，不能经常在梅先生身边，但是这种情感依然真诚。

后　记

　　我的生平，虽很平凡，但有着坎坷和工作多变的另外一面，使得这本生平记述颇不轻松。幸得一民教授和侯叶博士热心相助，精心梳理，使得琐碎的往事有了一点联系，感谢他们的付出。本书出版得到中国建筑工业出版社易娜和陈海娇两位责任编辑的编辑与出版协助，特致谢意！